U0959834

劳動教育評論

LABOR EDUCATION REVIEW No.4

中国劳动关系学院 主编

第4辑

社会科学文献出版社
SOCIAL SCIENCES ACADEMIC PRESS (CHINA)

《劳动教育评论》学术委员会

主　任　刘向兵　中国劳动关系学院党委书记、研究员

委　员　周光礼　中国人民大学评价研究中心执行主任、教授

曾天山　教育部职业技术教育中心研究所副所长、研究员

卢晓东　北京大学教育学院教授

檀传宝　北京师范大学公民与道德教育研究中心主任、教授

王　星　南开大学周恩来政府管理学院教授

宁本涛　华东师范大学教育学部教授

顾建军　南京师范大学教育科学研究院院长、教授

何云峰　上海师范大学知识与价值科学研究所所长、教授

龚春燕　重庆市教育评估院原院长、研究员

廖　辉　重庆师范大学教育科学学院教授

柳友荣　池州学院校长、教授

刘玉芳　中国劳动关系学院副校长、教授

燕晓飞　中国劳动关系学院科研处处长、教授

杨冬梅　中国劳动关系学院马克思主义学院院长、教授

姜　颖　中国劳动关系学院教务处处长、教授

杨思斌　中国劳动关系学院公共管理学院副院长、教授

任国友　中国劳动关系学院安全工程学院副院长、教授

曲　霞　中国劳动关系学院劳动教育中心副主任、副研究员

秘书长　李　珂　中国劳动关系学院劳动教育中心主任、研究员

《劳动教育评论》编辑委员会

主　　任　刘向兵

副 主 任　刘玉芳　刘丽红

执行主编　李　珂

执行副主编　曲　霞

编辑部主任　胡玉玲

编　　辑　党　印　李素卿（英文）　丁红莉

目录

理论探讨

青少年劳动教育教什么？ 刘宏森 / 1

劳动的古典观念及其对劳动教育的当代启示 娄 雨 / 12

列宁社会主义劳动思想及其当代价值 汪雅琳 贾淑品 / 28

热点聚焦

新时代劳动文化的时代价值及实践路径 张志元 聂 昱 / 40

劳动教育政策的舆情分析：以微博的议论为例 张雯闻 张运红 刘志明 / 53

加强供给侧改革 多样化提供高校劳动教育资源 周湘林 李睿婕 / 63

国际视野

德国工业 4.0 背景下学校劳动课程改革新举措 任 平 贺 阳 / 76

现实思考

论构建新时代劳动观教育的五个维度 何福君 刘 洪 / 92

劳动：青少年走向“接班人”的“桥”

——人学视角下青少年劳动教育的现实意义及路径探析 胡德庆 / 104

互鉴交流

池州学院大学生劳动素养教育的设计与实践 黄国萍 柳友荣 沈丽丽 / 122

劳以笃行，创以致远
——一所城市新建小学对劳动教育的系统设计与常态化推进
邹贤莲　唐梦菁　张琬云 / 136

会议速递

《劳动教育论》新书发布暨“新时代的劳动教育”研讨会
顾明远 等 / 153

《劳动教育评论》约稿函 / 163

Contents

Theoretical Discussion

On the Content of Youth Labor Education *Liu Hongsen* / 1

Classical Ideas of Labor and Its Contemporary Inspiration to Labor Education *Lou Yu* / 12

Lenin’ s Socialist Labor Thought and Its Contemporary Value *Wang Yalin, Jia Shupin* / 28

Hot Issue in Focus

The Time Value and Practice Path of Labor Culture in the New Era *Zhang Zhiyuan, Nie Yu* / 40

Analysis of Public Opinion on Labor Education Policy:Taking Weibo as an Example *Zhang Wenwen, Zhang Yunhong, Liu Zhiming* / 53

Strengthen the Supply-side Reform to Provide College Labor Education Resources in Various Ways *Zhou Xianglin, Li Ruijie* / 63

International Experience

New Measures of Labor Curriculum Reform in German Schools in the Context of Industry 4.0 *Ren Ping, He Yang* / 76

Practical Thinking

The Construction of Five Dimensions of Labor View in The New Era *He Fujun, Liu Hong* / 92

Labor: “Bridge” for Youngsters to “Successors”
——On the Practical Significance and Path of Youth Labor Education from the Perspective of Marxist Anthropology *Hu Deqing* / 104

Exchanges and Mutual Learning

Design and Practice of Labor Literacy Education for Chizhou University Students
Huang Guoping, Liu Yourong, Shen Lili / 122

Hard-working and Long-term Innovation
——The Systematic Design and Normalization of Labor Education in a Newly-built Primary School
Zou Xianlian, Tang Mengjing, Zhang Wanyun / 136

Meeting Summary

Summary of the New Book Release of *Labor Education Theory* and the Seminar "Labor Education in the New Era" *Gu Mingyuan etc.* / 153

Notice to Contributors / 163

青少年劳动教育教什么?

刘宏森

【摘　　要】 青少年劳动教育教什么是在开展青少年劳动教育过程中，人们必须首先明确回答的问题。推进青少年劳动教育，提升青少年的劳动素养，必须在《关于全面加强新时代大中小学劳动教育的意见》等文件提出的原则性意见的基础上，进一步明确劳动素养这一属概念的内涵和外延。劳动素养包括劳动认知、劳动意识、劳动价值、劳动能力等多种种概念。这些种概念的基本内涵和外延，构成了劳动教育的基本内容。明确这些种概念的内涵与外延，有助于回答劳动教育教什么，确定劳动教育的基本内容。

【关 键 词】 青少年；劳动教育；劳动认知；劳动意识；劳动价值

【作者简介】 刘宏森，上海青年管理干部学院《青年学报》主编，教授。

多年来，一些青少年不爱劳动、不会劳动，甚至鄙视劳动，缺乏起码的劳动习惯、劳动意识和劳动能力等现象和问题，引起社会热议、关注。2015 年 7 月颁布的《教育部　共青团中央　全国少工委〈关于加强中小学劳动教育的意见〉》指出：“总体上劳动教育存在诸多薄弱环节和问题，劳动教育在学校中被弱化，在家庭中被软化，在社会中被淡化，中小学生劳动机会减少、劳动意识缺乏，出现了一些学生轻视劳动、不会劳动、不珍惜劳动成果的现象。”因应社会的热议和关注，2020 年年初，中共中央、国务院颁布了《关于全面加强新时代大中小学劳动教育的意见》（2020 年 3 月 20 日。以下简称《意见》）。教育部和一些省市，也纷纷颁布了各自的实施意见。《意见》等文件的颁布，标志着加强青少年劳动教育不再只是一种呼吁，而是已经成为摆在全社会面前的一项重大实践课题。

一　在实践中明确劳动教育教什么

青少年劳动教育教什么？这是在青少年劳动教育过程中，人们必须首先搞清楚，予以具体明确回答的问题。人的行为根本上受思维支配。人们的实践必须在一定理论的指导下进行。缺乏理论指导的实践，往往难免盲目。为了指导青少年劳动教育的实践，《意见》根据青少年年龄、学段等方面的实际状况，对劳动教育的内容做出了不同的规定，提出了不同的要求。比如，小学低年级要注重围绕劳动意识的启蒙；小学中高年级要注重围绕卫生、劳动习惯养成；初中要注重围绕增加劳动知识、技能；普通高中要注重围绕丰富职业体验，使学生熟练掌握一定的劳动技能，理解劳动创造价值，具有劳动自立意识和主动服务他人、服务社会的情怀；中等职业学校重点是结合专业人才培养，培育学生精益求精的工匠精神和爱岗敬业的劳动态度；高等学校要注重围绕创新创业，重视新知识、新技术、新工艺、新方法应用，使学生增强诚实劳动意识，积累职业经验，提升就业创业能力，树立正确择业观，等等。中共上海市委、上海市人民政府 2020 年 8 月 27 日颁布的《关于全面加强新时代大中小学劳动教育的实施意见》①（以下简称《实施意见》），也对不同成长阶段青少年劳动教育的内容，提出了明确的要求。比如，幼儿园要注重劳动意识启蒙；小学要注重基本劳动习惯养成；小学中高年级要注重培养做家务和校园劳动习惯；初中要注重职业劳动体验；普通高中要组织学生参加生产劳动与创新实践，熟练掌握一定的劳动本领，具有劳动自立意识和主动服务他人、服务社会的责任感；普通高等学校要使学生树立正确的择业观，培育良好的职业道德，提升创新创造和就业创业能力；职业院校要注重职业技术技能训练。教育部发布的《大中小学劳动教育指导纲要（试行）》（以下简称《指导纲要》），对青少年劳动教育的主要内容也做出了基本的界定："主

① 《中共上海市委、上海市人民政府关于全面加强新时代大中小学劳动教育的实施意见》，上海教育网，2020 年 9 月 1 日。

要包括日常生活劳动、生产劳动和服务性劳动中的知识、技能与价值观。”而对“知识”“技能”“价值观”等的主要内容，未做进一步具体的界定和阐述。

《意见》、《实施意见》以及《指导纲要》等文件，针对青少年的基本特点，对不同学段青少年劳动教育的内容，提出了指导性的意见，主要涉及劳动认知、劳动意识、劳动价值、劳动能力、劳动习惯等方面，体现了因材施教的基本原则。

很显然，这些指导性意见对青少年劳动教育内容的阐释，是原则性的，而对其中的一些重要概念，这些指导性意见中并未进行具体深入的界定。比如，“小学低年级要注重围绕劳动意识的启蒙”，这里的“劳动意识”，其具体含义是什么？再比如，“健全劳动素养评价制度”，这里的“劳动素养”的内涵和外延分别是什么？劳动认知、劳动意识、劳动价值、劳动能力、劳动素养等构成了劳动教育的核心内容，是劳动教育中十分重要的基础性概念。这些概念各自的内涵是什么？这些概念相互间的关系是什么？对这些问题的解答，直接影响到人们对劳动教育教什么等问题的把握。很显然，对这些问题，人们实际上还没有现成的答案。这需要人们通过实践探索，以及在此基础上的深入理论研究，予以回答。

本文通过对这些内容和概念的简要辨析，努力明确青少年劳动教育教什么等问题。

二　劳动认知教育

劳动认知教育，其主要内容是帮助青少年了解和认识人类劳动的含义和意义；了解和认识人类劳动的外延，人类劳动的具体形态，特别是了解和认识现实社会中产业发展的现状。

（一）了解人类劳动的含义和意义

劳动教育首先要帮助青少年认识到，作为一个生命体，人类只有在衣食住行等方面必要资源条件的支持下才能生存；只有在充裕资源条件的支持下才能发展、壮大；只有在特殊资源的支持下才能超常式发展。[①] 人的生存发展所需要的

① 刘宏森：《共青团资源论论纲》，《青年学报》2014年第3期。

各种资源都不会从天而降。人们都必须通过劳动才能获得各种生存发展所需的资源。“从根本上说，劳动就是人类投入体力、智力等多种资源，并整合、转化、增值资源，以满足人类自身生存、发展各种需求的人类实践活动。”① 因此，劳动不是一个“纯粹”的理论问题，而是跟每个人的生存和发展息息相关的现实问题。只有从人的生存和发展离不开资源支持这样一个基本事实出发，只有准确把握人类劳动的这一实质，我们才能更好地把握“劳动人权”“劳动创造人”“诚实劳动”“青少年劳动教育”等重大理论和实践问题。因此，劳动教育首先就是要帮助青少年逐步把握劳动的含义，以及劳动之于人类生存发展所具有的极其重要的基础性、前提性意义。

（二）了解人类劳动的基本形态

人类劳动的基本形态主要包括投入体力、智力、物质生产资料，整合各种物质和精神资源，转化各种资源等各个方面。在此基础上，人类创造形成了农业、牧业、渔业、工业等多种行业和门类，即古人所谓的“三百六十行”。随着社会的发展，人类劳动的行业早已超过了所谓的“三百六十行”。

受生活、成长环境的影响，青少年对“三百六十行”多少都有一些接触和了解。比如，生长于农村的青少年，从小就耳闻目睹前辈春耕秋收，对农业生产形成了一些直观认识。“把小麦当成韭菜”的青少年，毕竟是少数。有些青少年由于家庭经济等方面的原因，还参加了一些农业生产劳动。这就使他们对农业劳动的基本形态、过程、规范、价值等有了一些切身的感受和认识。开展青少年劳动教育，要充分利用、创造条件，让青少年有更多机会，接触和了解农业、牧业、渔业、工业、文化、教育等多种行业与主要劳动门类的现实状况，在此基础上了解和认识人类劳动的基本形态。

（三）了解新业态

近几十年来，因为科技进步、产业重组、社会发展、人民群众对生活品质要求提升等多种力量的合力推进，社会上出现了无数新业态，人类劳动的形态越来越丰富多样。新业态是指基于不同产业间的组合、企业内部价值链和外部产业链

① 刘宏森：《资源视角下的劳动概念再审视》，《贵阳学院学报》（社会科学版）2019年第1期。

环节的分化、融合、行业跨界整合以及嫁接信息及互联网技术所形成的新型企业、商业乃至产业的组织形态。自2019年4月至今，人社部已公布3批次共38个新职业。“国家发展改革委等13部门15日对外公布《关于支持新业态新模式健康发展激活消费市场带动扩大就业的意见》，提出通过19项创新支持政策，加快数字经济15种新业态新模式健康发展，激活消费市场，带动扩大就业，打造数字经济新优势。”[①]

大量新业态之涌现，是近30多年中的一种可谓罕见的社会现象。李子柒展示传统文化生活景象；李佳琦、薇娅带货；网络主播成为不少青少年向往的职业；大学生开展“二手衣物创新性研究”，对旧衣服进行改造，化腐朽为神奇，形成一种新的产业。2020年抗疫期间，快递小哥得到社会认同。很显然，这些劳动的内容和形式跟人们经验中的劳动有着较大的区别。大量涌现的新业态，意味着劳动外延在不断扩大。这就对青少年对劳动的认知提出了新的课题。

劳动认知教育要努力帮助青少年认知和体验现代科技条件下人类劳动的新形态、新方式。这对于青少年未来更好地顺应社会生产劳动的新需求，融入经济社会发展大局，具有极其重大的现实意义。

三　劳动意识教育

劳动意识，主要包括劳动权利意识和劳动责任意识。劳动意识教育，其主要价值和意义，就在于帮助青少年形成和强化对劳动权利与劳动责任的认知、认同。

（一）帮助青少年理解和认同劳动是人的一种基本权利

“所谓‘劳动人权’，是指用劳动来解释人的权利和社会合理性的理论或者学说。”[②] 从根本上说，劳动人权并不只是一个“形而上的本原意义上的”[③] 理论命题，还是一种不可否认、不可漠视的事实。这一事实就是生存发展是每个人

① 《加快15种新业态新模式健康发展》，《人民日报》2020年7月16日。

② 何云峰：《劳动人权马克思主义散论》，《上海师范大学学报》（哲学社会科学版）2016年第3期。

③ 何云峰：《劳动人权马克思主义散论》，《上海师范大学学报》（哲学社会科学版）2016年第3期。

的基本权利；人要生存发展，就必须得到资源的支持；要获得资源，就必须通过劳动去整合、转化和增值资源。因此，生存和发展是人的基本权利，劳动则是人们生存和发展权利的基本保障，是人的一种基本权利。习近平多次强调“幸福都是奋斗出来的”，就是揭示了劳动权利之于每个人的重要性。缺乏劳动的权利，事实上必然缺乏生存发展的权利。劳动自身也是一种人权。开展青少年劳动教育，有助于帮助青少年对劳动人权、对自己拥有劳动权利这样一种事实的认知和认同。

（二）帮助青少年理解和认同劳动是人的一种基本责任

要帮助青少年认识到，对于每个人来说，劳动不仅是一种权利，也是一种责任。作为一种责任，劳动的主要意义就在于，它不仅是人们为自己获取生存和发展资源的最基本的途径，也是帮助他人获得生存和发展资源的最基本的途径。人类社会是由不同年龄、不同健康状况、不同境遇的人组成的。人类社会中的老弱病残者，往往无法直接参加劳动，需要通过其他人的劳动获取生存发展的资源。还有一些人由于种种原因失了业。“失业意味着难以借助制度化的途径，通过投入自己的体力和智力资源，在为社会整合、转化和增值资源的同时，为自己和家人获取生存和发展的资源。”① 这就使他们常常处于资源短缺的艰难生存状态之中。这样的人无疑是不幸的。作为同类，人们有责任通过自己的劳动，实现资源的更大增值，从而帮助老弱病残者，帮助那些失业者获取生存发展的资源。

青少年享受着必要，乃至十分充裕的资源。这些资源“是前人、亲人通过合乎法律法规，合乎伦理规范的劳作和实践获得的”②。作为未来社会的建设者和栋梁，青少年必须充分认识到劳动是自己的责任，是自己为他人、为社会做贡献的最基本的途径。

（三）劳动意识教育要直面“慢就业”的现实

值得注意的是，当代青少年的生活环境发生了巨大的变化。变化之一，就是

① 刘宏森：《资源视角下的劳动概念再审视》，《贵阳学院学报》（社会科学版）2019年第1期。

② 刘宏森：《在劳动中走向“自立”——关于青少年劳动教育的一些思考》，《山东青年政治学院学报》2017年第5期。

"经典传记式人生历程"的衰微。"根据经典的过渡期理论，个体的生命进程表现为由一系列具有标志性事件所构成的生命周期。其标志性事件主要有：离开父母家庭、到学校接受正规教育、进入就业市场、结婚成家、生育子女等。而且这些标志性事件之间的顺序是固定的，即离开父母家庭→到学校接受正规教育→进入就业市场→结婚成家→生育子女等。"① 这就构成了所谓人类"经典传记式人生历程"。不可忽视的是，生存环境的巨大变化和种种人生难题，特别是青少年自身教育期延长和教育投入增大，就业难度增加，就业形式改变，使当代青少年未来人生发展的不确定性、不可预测性增大，从而使他们难以像前辈那样生存发展。其直接后果之一，就是当代青少年难以像前辈那样早早通过就业参与社会劳动。所谓"慢就业"现象，就是青年参与劳动过程中出现的新问题。其中，既有就业难度增加和就业形式改变等原因，也有相关青年劳动意识尚未充分觉醒等方面的原因，值得在青少年劳动教育过程中高度重视。

四　劳动价值教育

通过劳动，人类能够获取资源，甚至增值资源，以满足自身和他人，乃至人类生存、发展的各种需求。这就体现了劳动的价值，劳动会使人们产生一种价值感。因为这种价值感，人们产生自豪感。而自豪感会带来愉悦感、幸福感。从事实和逻辑结合角度看，劳动使人产生价值感的主要途径包括以下几个方面。

（一）自食其力

通过劳动，人们获取自己生存和发展所需的必要资源，从而实现自食其力。自食其力，使人感到自己有价值，感到自豪，从而产生幸福感。第一次领到工资的年轻人，他们往往幸福感溢于言表，能够极大感染父母前辈。虽然，随着参与劳动获取生存发展资源进程的深化，这种自食其力造成的价值感、自豪感会出现"边际效用递减"现象。但自食其力带给人们的劳动价值感却始终存在，如同人类离不开空气但又常常忽视空气的存在一样。

---

① 沈杰：《青年期作为过渡期：其理论与模式面临挑战》，《青年学报》2018 年第 3 期。

（二）帮助他人

在自食其力的基础上，人们通过劳动，努力实现资源增值，从而能够帮助周边的其他人获取生存和发展的资源。就像过去的农民晴天一身汗，雨天一身泥，难得闲坐田埂，看满畈稻谷金黄，想到阖家老小吃的喝的有了，孩子上学的钱也有了，苦累便会慢慢消退，养家糊口的价值感、自豪感，乃至幸福感自然会油然升起。不仅仅是农民和工人，各行各业的人都可能通过劳动实现资源增值，帮助别人获取生存和发展的资源。这就超越自食其力，进一步强化了人们的价值感和自豪感。

（三）有所创造

通过劳动，一些人，比如科学技术人员，能够在理念、技术等多方面有所创造，有所发明，使人类生存和发展所需要的物质和精神资源在更大程度上实现超常增值，大幅度提升了人们的生活质量。千百年来，尤其是工业革命以来，人类每一项重大科学进步、技术创新、发明，都极大地提升了人类社会生产力发展的水平，极大地提升了人类劳动的效率。人类劳动效率的提升，主要体现在资源增值效率的提升上。在此基础上，人们得到的价值感和自豪感，以及幸福感则水涨船高。三百六十行中，一切能够有所创造、有所发明的人，都可能从自己的劳动中体会到这种无与伦比的价值感、自豪感和幸福感。

因为劳动是满足自己和他人生存发展需求的一条最为基本的途径，因此，劳动本身是辛苦的，却又让人从其过程和资源的增值，以及对自己、他人生存发展的帮助中，产生价值感、自豪感和幸福感。劳动价值教育，就是要帮助青少年认识和体验这种价值感、自豪感和幸福感，从而形成和强化参加劳动的动力。

当然，劳动教育还应该帮助青少年直面现实生活中的一些问题。比如，一些劳动者艰苦备尝，却未必能够实现资源增值、多劳多得，未必能够感受到劳动价值感、自豪感和幸福感等。要帮助他们辨析其中的深层原因，从而深化对劳动价值的理解。

五　劳动能力培养

（一）劳动能力的基本含义

“劳动能力的实质是人们解决实际问题、实现目标的能力。”①

从劳动内容角度看，劳动能力主要包括以下几个方面：料理、照顾自己和他人日常生活等所需的能力；与职业劳动相关的能力，比如工农业生产、服务等行业中所需解决实际问题、实现目标的能力；与知识密集型、创新型特殊职业劳动相关的能力，比如从事教育教学、医疗卫生、发明创造、金融经济、学术研究等特殊职业所需的能力。

从投入资源的构成角度看，劳动能力是体力和智力融合的产物，主要表现为人们根据任务目标的要求，灵活、有机整合体力和智力资源，按照生产和生活中的一些基本规范、程序、方法，操作相关设备设施，整合、转化各种物质和精神资源，从而实现资源增值目的的有效性。

（二）劳动能力是学习、训练的结果

劳动能力是后天学习、训练、培养的结果。从日常生活中耳濡目染中无意识的模仿，到有意识的学习、练习，再到系统专门的理论学习和实际技能的培训，劳动能力的培养和增强，贯穿职业生涯之始终，需要人们“活到老，学到老”。

总体上看，大多数青少年还在求学阶段，尚未正式走上工作岗位参加职业性劳动。他们所参加的劳动，主要是一些辅助性劳动。这些劳动的内容，主要指：“力所能及的家务劳动，包括对青少年自己生活琐事的料理、对身边亲人的关心和照顾；参与学校和社会有关方面组织开展的义务劳动、志愿服务等；适当参与一定的生产经营活动，等等。”② 青少年劳动能力的培养，主要内容就是根据青少年个体年龄、体能、个性、兴趣等多方面的实际情况，通过由浅入深、由易到难、由轻到重的设计和实施，帮助青少年学习相关劳动技能的理论，习得解决相

① 刘宏森：《在劳动中走向“自立”——关于青少年劳动教育的一些思考》，《山东青年政治学院学报》2017 年第 5 期。

② 刘宏森：《在劳动中走向“自立”——关于青少年劳动教育的一些思考》，《山东青年政治学院学报》2017 年第 5 期。

关问题、完成劳动任务的操作性技能。

现实生活中，对当今部分青少年好逸恶劳、不会劳动，甚至有青少年切菜也容易切到手之类的现象和问题，人们有议论，有批评。然而，事实上，青少年并不排斥劳动，不少青少年还具有较强的动手能力。比如，2020年上半年抗疫期间，很多青少年根据网上搜到的配方，在家DIY蛋糕、面包、菜肴，以及其他各种用品，体现了很强的劳动能力，也体现了参与劳动的强烈兴趣。在一些普通中小学校开展的劳动活动中，青少年表现出了较高的劳动能力水平。比如，上海市曹杨二中的学生通过劳动课，学会快速准确地组装自行车。种种事实告诉人们：当代青少年并不排斥劳动，也并不缺乏劳动能力；劳动能力的培养固然需要学习者反复练习，甚至简单重复一些基本动作，以形成动作定型，但是，更需要调动青少年的能动性，促进他们学习和探索创造性劳动的方法。尤其是当今社会层出不穷的种种新业态，对人们的劳动能力提出了前所未有的新要求。面对新业态对劳动能力的新要求，当代青少年难以从前辈那里得到更多的经验和教导，更需要他们在亲身实践，探索、学习、创新。如何针对他们的兴趣、特点，因势利导，创造条件，帮助他们通过参与自己感兴趣的劳动项目，提升他们的劳动能力水平，促进他们学习和探索创造性劳动的方法？这需要教育者不断拓宽视野，促进劳动教育内容和形式的与时俱进。

劳动教育，其本质是劳动者教育。青少年是中国特色社会主义事业的建设者和接班人。劳动素养是建设者和接班人必备的素养。青少年劳动教育，其主要目的，就是要提升青少年的劳动素养。很显然，劳动素养是一个高度抽象的属概念。这个属概念中包含着劳动认知、劳动意识、劳动价值、劳动能力等多种种概念。劳动素养和劳动认知、劳动意识、劳动价值、劳动能力等概念之间的关系，是属种关系。厘清劳动素养属下的一些种概念的内涵与外延，有助于家庭、学校和社会进一步明确劳动认知、劳动意识、劳动价值、劳动能力等劳动教育的基本内容，达成共识，形成合力，共同推进青少年劳动教育的实践。

（编辑：苏清）

On the Content of Youth Labor Education

Liu Hongsen

Abstract: The content of youth labor education is the first issue that must be clarified in the process of developing youth labor education. To promote youth labor education and improve youth labor literacy, it is necessary to further clarify the connotation and extension of the concept of labor literacy on the basis of the principled opinions put forward in the documents issued by the central government. Labor literacy includes many concepts such as labor cognition, labor awareness, labor value, and labor ability. The basic connotation and extension of these various concepts constitute the basic content of labor education. To clarify the connotation and extension of these concepts is helpful to answer the basic content of labor education and what labor education teaches.

Keywords: Youth; Content of Labor Education; Labor Cognition; Labor Awareness; Labor Value

劳动的古典观念及其对劳动教育的当代启示

娄 雨

【摘 要】劳动教育的实践受到历史观念的影响，分析劳动的古典观念对今日的劳动教育有重要意义。在西方的劳动观念中，希腊史诗和戏剧一般认为勤劳是重要的美德，符合神意和正义，而希腊哲学家则在肯定劳动对城邦重要性的同时，认为劳动与理性的崇高生活不匹配。基督教思想中，劳动既是上帝对人类犯罪的惩罚，又是上帝委托给人的神圣职责，后来发展出“劳动与祈祷”的生活理念。在中国的劳动观念中，墨家和儒家都非常重视劳动与民生，但儒家也在劳心与劳力的划分中对体力劳动予以贬抑。佛教和道教则将自身修行与农业劳动相结合，发展出“农禅一体”“以农证道”的理念。中西方的古典劳动观都有其复杂性，对劳动的褒贬轻重不同程度地影响到今天的人们对劳动和劳动教育的看法，我们既需要对其中部分内容予以反思，也需要从古人的深刻思考中汲取营养，以建立更加完善的现代劳动教育，以创造一种有获得感、有意义感、有幸福感、有平衡感的美好生活。

【关 键 词】劳动观；劳动教育；古希腊；基督宗教；儒家

【作者简介】娄雨，中国人民大学教育学院讲师、师资博士后。

一 研究当代劳动教育的历史视角

（一）作为历史问题的劳动与劳动教育

在目前的劳动教育研究中，一般都把劳动教育作为一个现代问题，甚至一个

“当下问题”。这与劳动教育在我国面临的迫切现实有关，也与近年来国家对劳动教育的政策倡导有关。目前已有的对劳动教育的研究中，出现了很多研究改革开放后劳动教育 40 年，或研究新中国成立后劳动教育 70 年的文章。这些研究对于澄清我国劳动教育的现状和面临的问题是十分迫切的。

不过，一段时期的教育实践往往是更长时段教育观念影响的产物。因此，如果要深入分析劳动教育遭遇的问题，必须梳理历代劳动观念究竟在今人的头脑中留下过什么样的烙印，才能理解今日的处境，并更好地思考新时期的社会主义劳动教育又要面对哪些长期的和新出现的问题。因此，如果我们的研究只将目光专注于近 40 年或 70 年劳动教育的发展变化，是明显不够的。要将劳动教育作为一项长期事业，要追溯问题的根源并寻求解释和解答的可能方案，我们还需要将劳动教育的历史视角补充进来。

这一必要性也来自劳动本身：劳动不仅是个当代问题，更是一个古典问题，劳动的历史与人类的历史同样久远。恩格斯说：“劳动创造了人本身。”[①] 这一历史唯物主义的观点揭示了劳动与人的密切关联。劳动是人的自我创造，对成年人而言，劳动是与外部世界的交往与改造，对青少年儿童而言，劳动让儿童亲自体验自己与世界的关系以及在这种关系中的自我成长。正因为劳动对人类形成与人类历史的影响极其重大，劳动教育的研究都不可能脱离劳动本身的漫长历史。这就意味着，劳动教育同时处在复杂的形态、历史积累问题及现实困境中。越是这样的时候，越需要一项追本溯源的研究。

（二）劳动的词源及概念分析

在汉语中，“劳”字出现得很早，战国时期的青铜器中山王鼎上就已经出现“忧劳邦家”的语句，其中“劳”的金文字形上方从火，下方从“心”。[②] 在《说文解字》中，对“劳”字的解释是：“勞，劇也。从力，熒省。熒，火燒冂，用力者勞。”[③] 其字形上方从火，下方从“力”。因此，火、力、心三个意象构成了早期汉字文化中对劳动的最初理解。这也意味着，“劳”蕴含了两个不同的倾向：“忧劳邦家”侧重于“心的辛苦”，而“用力者劳”侧重于“体力的辛苦”。

① 《马克思恩格斯选集》第 3 卷，人民出版社，2012，第 988 页。
② 徐中舒主编《汉语大字典》（缩印本），四川辞书出版社，1993，第 158 页。
③ 许慎：《说文解字》（附检字），中华书局，1963，第 292 页。

这两种含义意味着我们的先人已经意识到，劳动是既要付出体力，也要付出心力的活动。同时，劳动也是与火有关的活动，学会用火是人类发展过程中重要的转折点，也是人类迈向文明的重要标记。

在西方语言中，劳动同样既与人自身又与文明发展有重要关联。德语中的“劳动”Arbeit一词来自拉丁语arvum的复数arva，意为“犁过的土地”，尤其是相对于“草地、牧场”等“未开垦过的土地”而言。[①]“犁过”意味着人的活动改变了土地原有的自然状态，田野荒地变成了适合耕作的土壤，进入了农业生产，变成了人类生活的一部分。人类通过劳作与世界发生关联，通过亲手改变世界从而将外部世界纳入人类生活当中，这是“劳动”最原初的内涵。更不用说在拉丁语中，“耕作”（cultura）就是“文化”这个词的来源。[②] 英语中的劳动labor一词同样来自拉丁语的labor，这个词表示精神或身体的劳作、劳动的能力和劳动的成果。[③]

因此，不论在东西方的词源中，劳动的概念都蕴含辛苦，要求严格的体力付出，同时也是有文化意义和富于精神意涵的，人在劳动的过程中不仅创造物质财富和幸福生活，而且既认识世界也改造世界，既认识自己也成就自己。正是因为有这样的意涵，劳动才在人的培养中具有极其重要的意义，能够也应该被作为教育中不可缺少的一部分。

但是在思想史和教育史中，人们对“劳动”的理解，自古以来又是复杂甚至分裂的，在不同年代和不同阶层中，一方面人们歌颂赞扬劳动，另一方面又轻视和贬低劳动。几乎在每一种古老的文化传统中，我们都能同时见到这两种倾向。在前现代时期，对于劳动的价值和教育意义的认识，并没有形成真正的全社会意义上的共识。研究劳动教育时，这是必须考虑到的历史基础和理论前提。而对这些前现代的历史观念有充分了解和深入分析，也是我们能够梳理当下劳动观念和劳动教育问题的必要前提。

---

① *Oxford Latin Dictionary*, Oxford: The Clarendon Press. 1968. p. 178.

② *Oxford Latin Dictionary*, Oxford: The Clarendon Press. 1968. p. 466.

③ *Oxford Latin Dictionary*, Oxford: The Clarendon Press. 1968. p. 991.

二　西方的古典劳动观念

（一）古希腊文化中的劳动观

希腊是西方文明的发源地之一，至今仍有强大的文化影响力。在人类文明早期，农业是主要的劳动方式。农业劳作体现着人与大地的关系，通过耕作建立人和世界的关联。在希腊的神话和史诗中，人类在大地上“必须遵循劳动和正义的法则，抛弃懒惰和过度，在不平等中建立平衡”[①]，因此劳动从人类文明起初，就是人的使命和责任。

在希腊最早的诗歌《劳作与时日》中，赫西俄德将劳动视为美德和敬神的品质。他劝诫弟弟佩耳塞斯说：“神的孩子，劳作吧，让饥荒厌弃你，让令人敬畏的美冠的德墨特尔[②]喜欢你，在你的谷仓里装满粮食。”[③] 农业劳动给人类带来饱暖和富足，勤劳的人才享受幸福的生活，具有应对灾难和抵抗饥荒的能力。虽然人类力量弱小，但勤劳和正义是人从永生者（神）那里分享的神圣法则，因而劳动成为一种美好的品德。“劳作不可耻，不劳作才可耻……不论时运如何，劳作比较好。”[④] 就连《荷马史诗·奥德赛》的主人公奥德修斯，“劳作”也是其贯穿始终的品质。当他最后归家见到父亲时，他的父亲正在果园中劳作。[⑤] 在大地上辛勤劳作一生是普通人的必然经历，为更大的使命付出辛劳是英雄人物必须承担的命运。

在生产力不发达的古希腊，人类要想对抗灾荒和意外，勤劳积蓄是最可靠的方式，只有踏实的劳作与积累，才更有可能应对未知的跌宕起伏。与此相对，懈怠懒惰的人会招致神和人的义愤。劳动虽然辛苦，但这是受到祝福的事业，也象征着富有德行的生活，符合正义的秩序，值得肯定并会带来回报。这

① 吴雅凌：《神谱笺释》，华夏出版社，2010，第 46 页。

② 德墨特尔（Demeter），希腊地母神，掌管农业、谷物和丰收，是奥林匹斯十二主神之一。她教会人类耕种，给予大地生机，可以决定土地是丰产还是歉收，也能决定人的命运是富裕还是贫穷，被视为农业和家庭的守护神。

③ 吴雅凌：《劳作与时日笺释》，华夏出版社，2015，第 13 页。

④ 吴雅凌：《劳作与时日笺释》，华夏出版社，2015，第 13 页。

⑤ 《荷马史诗·奥德赛》，王焕生译，人民文学出版社，1997，第 446 页。

是希腊人朴素的劳动观念和生活哲学，“选择正确的生活道路，意味着活得艰难。”[①]“正确”的生活虽然艰难，但仍然值得去做，这就是古希腊歌颂的朴素的道德。因此在古希腊史诗传颂的美德中，“劳作”和“选择正确的生活道路”息息相关。

但是，古希腊除了发达的史诗和戏剧的文化，还有发达的哲学。哲学家们的观点和史诗的观点往往是不同甚至对立的。在希腊的哲学家们看来，劳动是“闲暇”的对立面，而闲暇是陶冶灵魂和培养品德的必备前提。高贵的精神一定要拥有向上的力量，朝向崇高和永恒的世界，这需要能够超脱物质和欲望的束缚。而一个孜孜埋首于农业和手工业劳作的人，灵魂和物质的关系过于紧密。当灵魂离物质太近的时候，离精神就远了。于是，被哲学家推崇的闲暇与沉思的生活又将劳动贬低到“肉体低于灵魂”的地位上去。

在亚里士多德的《政治学》中，不同职业和身份的人群构成城邦的完整结构，公民的数量和质量决定城邦的国力兴衰。[②]然而，艺匠和劳工虽然是城邦所必需的，但他们所操持的不过是“维持城邦生活所必需的贱业”，[③]而并不具备公民的美德，他们的公民权也因而在不同城邦之间受到质疑。[④]事实上，《政治学》中反复探讨的“好公民的美德”并不包括“勤劳”，而“最优良的城邦形式应该是不把工匠作为公民的”。[⑤]在柏拉图笔下，更是把劳作的生活分给了灵魂属于铜铁质料的人，而金银质料的哲学家和护卫者是免于劳作的。

哲学家们将“劳作”视为“闲暇”的对立面，这就使得在诗人那里受到赞颂的劳动，在史诗中建立起来的劳动和美德的关系，在哲学家这里又遭到了剥离。他们人为地割裂了精神活动与物质生产的联系，在发展出深刻的哲学理论的同时，也留下轻视劳动和鄙薄劳动者的危险。这种既在民间文化和诗歌中称赞劳动，又在严肃的哲学思考中贬低劳动的情形，不仅出现在希腊，也出现在中国古代，并在今天仍然产生着影响。

因此，一个希腊的儿童，如果他生活在自己的家中，跟随父亲或母亲学习，

---

① 吴雅凌：《劳作与时日笺释》，华夏出版社，2015，第369页。
② 〔古希腊〕亚里士多德：《政治学》，吴寿彭译，商务印书馆，1965，第358页。
③ 〔古希腊〕亚里士多德：《政治学》，吴寿彭译，商务印书馆，1965，第130页。
④ 〔古希腊〕亚里士多德：《政治学》，吴寿彭译，商务印书馆，1965，第131页。
⑤ 〔古希腊〕亚里士多德：《政治学》，吴寿彭译，商务印书馆，1965，第130页。

劳动将是他所学的重要内容。他的文化生活是在戏剧和史诗的陶冶中成长，赫拉克勒斯那样的希腊“劳模”将是他心目中的英雄。然而一个孩子如果从小被送到文法学校和体操学校，他的青少年时代的学习生活就将在修辞、音乐和体育中度过，几乎就与实际的劳动无关，尤其越是富裕人家和贵族，越倾向于让他们的子弟过上一种崇尚闲暇的生活。这些不同形态的教育在古希腊同时并存，对劳动的两种不同观点也同样通过诗歌和哲学两种不同的路径流传下来。

（二）基督宗教文化中的劳动观

基督宗教对西方教育影响深远，尤其在思想和价值观层面，犹太基督宗教传统曾在长达千年的历史中塑造西方人民的生活方式、价值观念和社会关系，劳动同样是其中的重要主题。在西方的基督宗教传统中，对劳动的认识同样存在复杂而对立的观念。

在圣经《创世纪》的开篇，亚当和夏娃被赶出伊甸园时，上帝诅咒说“你一生日日劳苦，才能得到吃食”（创 3：17）。因此在基督教传统中，劳动及伴随劳动的辛苦，是上帝对人类的惩罚，是人生在世不得不承担的重负。而勤于劳动，就变成了一种顺从和赎罪。然而，劳动又是上帝委托给人的神圣职责。在《创世纪》中，上帝将创造的世界委托给人类管理：“你们要生育繁殖，充满大地，治理大地，管理海中的鱼、天空的飞鸟、各种在地上爬行的生物”。虽然同属被创造的世界，但人由上帝赋予灵魂，因此比万物更加高贵。能够耕作与管理大地是人优越于万物的表现，也是人的灵魂相似于上帝的表现。在这个意义上，劳动又变成了人的高贵地位的体现。

在这种带有神圣性的劳动观念下，早期基督教对劳动者的态度一贯是比较友好的。因为原始基督教的伦理立场本来就站在罗马统治者的对立面，而与较底层的被压迫人民接近。依照早期基督教的伦理学观点，劳动的对立面不是高贵的闲暇，而是趋恶的懒散（otiostias），这是修养美德的大忌和大敌。从这一点来看，基督教立场与希腊哲学家们正好相反，他们不认为闲暇带来尊严和创造力，因为懒散不仅使人好吃懒做，身体受到影响，甚至还会使灵魂向下坠落；勤劳则是培养美德和提升灵魂的途径，将人从堕落的状态中提升出来。

首先发展劳动精神的是早期的隐修士们。早期修士过离群索居的隐修生活，基本上都要靠自己双手的劳动保障生活所需，因此对修士们而言，劳动是修道生活本有的一部分。建立制度化的修道院以后，劳动传统仍然得以保留。圣本笃（St. Benedict）在给修会的会规中写道：Otiostias inimica est animae（闲散是灵魂的仇敌）。[①] 勤于劳动的人，所受到的诱惑无非惧怕劳苦和贪图安逸，他们"只会受到一个魔鬼的诱惑"。一旦闲散下来，各种诱惑和恶念将充满无所事事的头脑，这样的人"将会遭到无数魔鬼的攻击"[②]。因此，圣本笃规定修士们每人都必须从事劳动。在这种伦理语境下，劳动不仅是为了养活自己，更具有精神教化的意义。劳动可以让修士们远离"otiostias"（懒散怠惰）和"acedia"（精神疲软/缺乏激情/百无聊赖）。除此之外，劳动还能够接济穷人，克服恶习，激发创造力和服务社会。在罗马时代的社会理解中，劳动是属于穷人（pauper）的事，罗马贵族和希腊贵族一样，对劳动是瞧不起的。然而基督教兴起之后，耶稣的形象被塑造为亲自从事劳动，父子都是木匠，亲近穷人的生活。于是，修士要效法耶稣，劳动也成为基督精神的象征性标志之一。

劳动在修道院的生活中是极其重要的一部分，本笃会修道院的口号就是"祈祷与劳动"（ora et labora）。祈祷是与精神世界的关联，而劳动是与现实世界的关联，对于完整的人来说，两者缺一不可。于是本笃会修士的一日 24 小时就包括 8 小时的宗教活动时间、8 小时的劳动时间和 8 小时的休息时间。这套时间安排影响了整个西方的灵修体系和修院生活。在基督宗教强大的影响力下，修院生活被视为现实生活的样板，ora et labora 的理念也越出修院的高墙，影响了普通人的生活。

值得注意的是，"otiostias"并不是现代意义上的懒惰（lazy），现代意义上的懒惰是一个与效率和产出相对应的概念。但 otiostias 对抗的更多是内心的状态。与 otiostias 相反的并不是一个人劳动效率高，产出多，相反，过度追求生产数量也是修士们所反对的。他们追求的是身体和灵魂共同的活跃状态，而 otiostias 是怠于活动，与生命本有的状态不符，更放弃了上帝委托的职责，与神圣生活的原则相悖。这种对劳动的重视和赞美，在基督教历代话语中，一直都有不同形式的保留。近代马克斯·韦伯在重述新教伦理与资本主义精神时，进行了集中的论述，并归纳了勤勉、信用、守时等一系列相关的品德。

---

① 〔奥〕米歇尔·普契卡评注《本笃会规评注》，杜海龙译，上海三联书店，2015，第 543 页。

② 〔奥〕米歇尔·普契卡评注《本笃会规评注》，杜海龙译，上海三联书店，2015，第 544 页。

劳动与上帝的关系使“劳动”重新变成一件有神圣意味的事件，“当人的身体开始劳动，肉体与灵魂的关系就宛如置身于新的光之中”①。“勤劳”也重新变成了一种值得夸赞的美德。《圣经》里多次夸赞勤劳的美德：“诸般勤劳，都有益处。嘴上多言，乃至穷乏。”（箴 14：23）古希腊的哲学家撕裂了劳动和美德的关系，基督宗教又重新建立了这种关系，并且赋予了劳动更高的神性意义。这使得劳动在西方的观念史和教育史中，始终能保有一定的地位。

三　中国的古典劳动观念

（一）中国古典劳动观的世俗维度——儒家与墨家的观点

中华文明的根基是农耕文化，勤劳是中国人最深厚的美德。中国人的思想传统中，自古就有“劳动创造幸福”的朴素信念。历代诗歌都有歌咏劳动和劳动人民生活的篇章。先秦《击壤歌》中就有：“日出而作，日入而息，凿井而饮，耕田而食。帝力于我何有哉！”勤劳规律、顺应自然的生活，其重要程度甚至在政治力量之上。对历代统治者而言，“重农”是实实在在的治理重心，而非可有可无的抽象观念。在我国最早的诗歌总集《诗经》中，也有多篇描写劳动场景，抒发劳作心情的诗篇。诗歌作为最原初的情感表达，通过这些描述，男农女桑的劳动生活，勤劳质朴的美好品质，喜悦满足的心理状态跃然纸面。

在重农、重视民生的文化中，各大思想流派对于劳动都有不同程度的理论反思。但是在中国的思想传统中，对劳动的看法同样是多元的。不同的思想传统，甚至同一传统在不同时期，对劳动都有可能产生不同甚至对立的看法和态度。

先秦时期影响巨大的墨家学派对劳动极其重视。“勤于劳动”是墨家最重要的美德。不仅墨子本人是劳动者出身，墨子收纳他的大弟子禽滑厘时，也先用三年艰苦的劳动加以考验：“禽滑厘子事子墨子三年，手足胼胝，面目黧黑，役身给使，不敢问欲。”② 直到确认禽滑厘是堪当大任的后备人才，墨子才将学识技艺倾囊相授。整个墨家学派以工匠和手艺人为主，大家朴素生活，积极劳动，钻研技术。墨家的劳动生活方式和《墨子》一书有关劳作工艺的记载都对后世产

① 理查德·桑内特：《肉体与石头：西方文明中的身体与城市》，上海译文出版社，2006，第 176 页。

② 周才珠、齐瑞端译注《墨子全译》，贵州人民出版社，2009，第 655 页。

生了深远影响。

在中国文化中影响最大的儒家对劳动的看法是有内在张力的。儒家屡次把人的道德品质与其社会分工相挂钩，《左传》中说："君子劳心，小人劳力，先王之制也。"① 大部分普通劳动者都是"劳力者"，但这与君子和小人的区分并无直接关联。儒家的孟子，极其重视民生和生产，深刻理解国家发展需要劳动分工，需要各行各业的人齐心协力。然而他也认为"有大人之事，有小人之事"，并且"劳心者治人，劳力者治于人"②。虽然孟子说这些话时，是为了反驳农学派眼里只有农业，反对社会分工的落后思想，但他对"劳心者"和"劳力者"的论述，却不能不说是后世读书人和士大夫阶层轻视体力劳动的思想来源之一。《左传》撕裂了劳动和美德（成为君子）之间的关系，《孟子》又撕裂了劳动和社会地位（治人还是治于人）的关系。

不过，在儒家的生活实践中又发展出了劳动与读书一体的"耕读传家"文化。耕读传家的理念最早出现在汉代班固的著述中："古之学者耕且养，三年而通一艺，存其大体，玩经文而已。是故用日约少，而蓄德多，三十而五经立也。"③ 班固借古喻今，称赞古代的学者半耕半读的生活方式，尤其是未出仕做官的普通读书人，没有国家发放的俸禄，需要靠自己的劳动（耕）来实现自给自足（养），同时不放松学习，努力钻研，三年学通六艺中的一艺，三十岁时能够完整地掌握五经。唐代文学家、教育家韩愈特别赞扬勤劳耕作，曾以"非其身力，不以衣食"④ 来作为对他人的称赞和表彰。这就使得在实际生活中，作为农业劳动的"耕"和作为文化活动的"读"并没有被一直对立起来。对于历来重视教育，重视在教育中实现人格成就的中国人而言，"耕读传家"不是指望别人辛勤劳作而自己享受成果，而是同时投身于农业劳动和读书学习两种事务。在生产力水平不高的古代，能够完全脱离生产劳动的人毕竟是少数，耕读一体的生活是广大普通人乃至中小土地拥有者最真实的生活样态。耕读是一种能够自养的生产生活方式，经济并不富裕甚至贫苦的家庭，也有过上耕读生活的可能；而较为富裕的人家，也能把晴耕雨读作为一种生活方式。这样一来，在耕读生活中，

① 杨伯峻：《春秋左传注》，中华书局，1981，第968页。
② 杨伯峻：《孟子译注》，中华书局，1962，第124页。
③ 陈国庆：《汉书艺文志注释汇编》，中华书局，1983，第96页。
④ 韩愈撰，马其昶校注，马茂元整理《韩昌黎文集校注》，上海古籍出版社，1986，第467页。

“劳心”和“劳力”得到一定程度的统一，“勤”的美德既体现在读书勤奋，也体现在辛勤耕作，这是一种健康而有持续性的生活方式，因此才能被作为“传家”的美德。

（二）中国古典劳动观的超越维度——佛教和道教的观点

中国文化是世俗性文化，但佛教和道教在中国传统文化中扮演了重要的角色。尤其是宋明以降，儒家、道教、佛教三家思想相互影响，融会贯通，形成独特的“三教合流”特征。佛教和道教从超越的层面提供了对劳动的独特观点，而且影响同样深远。因此，在劳动观念的研究中，不能忽略这两个重要的来源。

佛教传入中国后，不仅佛教的经典和思想被大量翻译引介，相应的出家修行生活方式也随之进入中国。并且，在传入过程中，佛教的生活方式和修行原则都发生了本地化。在原始佛教中，出家的僧众必须完全离弃俗世，包括不能从事生产劳动。寺庙中甚至不设厨房，完全依靠每日托钵乞食，以培养脱离尘世的“出离心”。甚至在出家比丘僧必须遵守的《四分僧戒本》中，还有这样的规定：“若比丘自手掘地，教人掘地，波逸提。”意即自己锄地，或授意他人锄地，都是犯戒（波逸提，一种轻罪）的行为。虽然这条戒律有爱护生命，不愿因锄地而损伤土壤中弱小生命的含义，但客观上造成了僧人群体排除在农业劳动之外。这种“抛弃了·切社会责任，可以自由自在地消耗时间于思考，尝试苦行修炼”[①] 的生活，在当时的印度十分盛行。

在崇尚自食其力的中国人看来，这种不事劳动的生活与中国本土的文化传统相冲突。信仰佛教的普通民众也反对僧众乞食，反对依仗宗教身份不劳而获。尤其是佛教最初传入中国时，也曾依靠国家封赏和社会捐赠，囤积了大量财富以致引发大量不满。在几次灭佛运动之后，中国佛教很快发展出了自食其力的“农禅并举”修行方式，将劳动作为修行的一部分。唐朝时，制定“百丈清规”的怀海法师还提出了“一日不作，一日不食”的原则，称为“普请法”。普请法要求僧众劳作时，除了“守寮直堂老病”外，一律参加。僧人每天都要承担一些体力劳动，称为“出坡”。百丈本人也身体力行，做出表率。[②] 这既是宗教修行

① A. K. Warder：《印度佛教史》，王世安译，华宇出版社，1988，第 45 页。

② 刘小平：《〈百丈清规〉与唐代佛教寺院经济变迁》，《江西社会科学》2009 年第 2 期。

的一部分，也能够保障寺院生活。禅宗还发展出了“神通并妙用，运水与搬柴”等偈语，对修行中劳动的作用予以高度评价。于是，劳动不再是求得解脱的障碍，而是通向宗教智慧和解脱的途径。中国佛教逐渐形成从劳动中悟修行，以修行促劳动的作风，这种精神的影响力远远超出佛教的修行传统。

道教是中国本土诞生的宗教，脱胎于道家哲学，而后又发展出了具有自身特色的信仰体系。道家来源于早期的隐士，他们选择离开人群，过着隐居的生活，必须依靠自己的双手劳动维持衣食。因此，在道家的哲学中，历来崇尚劳动。道教发展起来之后，同样重视劳动尤其是农业劳动。道教经典《抱朴子》中有“未有不耕而获嘉禾，未有不勤而获长生度世”[①] 的说法，将农业的丰收与修道长生的追求作为类比，强调勤耕勤修的重要性。在隋唐时期，还发展出了“以农证道”的思想，[②] 这说明道家崇尚劳动，除了解决出家人的物质需求，还有亲近自然，以此悟道的一面。对于道士来说，一面农耕、一面修道的生活，是一种“道法自然”的生活。

佛教与道教思想中重视劳动实践的一面，与中国传统思想中重视劳动，赞美勤劳的精神相一致，并为之赋予了精神层面的色彩。由于两教都将劳动作为磨练身心，提升精神，通向宗教境界的一条路径，三教合流之后的中国文化是一种极具包容性的文化。中国人或崇尚外儒内道，或崇尚外儒内释，以不同的方式接纳并融合多重来源的文化。这就使得世俗生活中即使许多人认为“万般皆下品，惟有读书高”，中国人的内在精神中始终认为劳动有一种内在的神圣性。这些历史文化中对劳动的理解与观念，就形成了中国传统劳动观丰富而复杂的样态。

四 古典劳动观念的复杂性及其当代意义

（一）正视传统劳动观念的复杂性

通过对古典劳动观念的梳理可以看出，不论在中国还是西方，在漫长的历史中，对劳动的理解是十分复杂的。对劳动的重视与忽视、赞颂与鄙夷、圣化与俗化、亲近与梳理……始终是相互交织的复调旋律。

---

① 王明：《抱朴子内篇校释》，中华书局，1986，第260页。

② 赵文杰：《中国道教农业史——农业思想初探》，山东大学硕士学位论文，2010。

中国传统思想中对于劳动的社会价值高度认同，对劳动的美有朴素的认知，对劳动人民的生活有深切的同情，但同时，对劳动与人的关系又缺乏充分的反省。对“勤劳”究竟是何种意义的美德，论述也不多。重视劳动的墨家，在思想史的进程中几经沉浮，时而成为显学，时而销声匿迹；重视劳动的佛教，虽然在隋唐之后的中国文教中占有一席之地，但没有成为主流；儒家则是在不断的发展和自我调整中，始终没有形成和生产劳动紧密的关联，但由于儒家的家国情怀和政治责任感，对民生和农事仍有相当的重视。这就使得，一个传统的中国人，对于劳动持有怎样的观念，既和他的阶层与家庭传统有关，也和他个人的价值选择有莫大的关系。

西方传统思想在劳动问题上则始终面临“诗与哲学之争”。希腊诗歌和戏剧塑造的劳动观念是：朴素而热爱劳动，劳动与生活和美德结合。而哲学铸造的性情则是：追求高深，承认劳动的重要性但贬低其价值，与生活和美德分离。宗教则一方面将劳动视为人类违背上帝命令的惩罚，另一方面又认为劳动是上帝委托给人的神圣职责。在近代之前，这两对张力始终在西方人对劳动的理解中交织回响。

这些复杂而充满张力的思想并非古人自相矛盾，恰恰说明劳动深度关联人性，而人性本身如是复杂，这种复杂性又在劳动中展露无遗。首先我们要正视这种观念的复杂性，现代劳动教育是在复杂的劳动观念的基础上产生的，这一切都向我们展示了劳动教育的必要性和难度。如果对劳动本身的复杂性缺乏深度反省，即有从多个方式陷入异化的危险。

（二）反思古典劳动观念中的价值缺陷

在对历史的梳理当中，我们不难看出，今天的劳动教育面临的许多问题，并非今天才出现的问题，更不是只有我们的孩子才面临这些问题。逃避劳动、不爱劳动、不愿劳动、抬高一部分劳动而贬低另一部分劳动、为不劳动寻找各种理由和借口……都不是今天才出现的新现象，在历史上早有其根源。因此，在面对今天的劳动教育问题时，责备今天的孩子们四体不勤或娇生惯养，并不能从根本上解决问题。

今天人们遭遇的，过去人们可能大多思考和遭遇过。然而如何解决这些问题，如何面对这些问题的新形态，如何在已经撕裂的人和劳动以及世界的关系中重建劳动的教育学，是今天的理论者需要解决的问题。我们需要用历史的、辩证的观点来看待历史上对劳动理解的分裂，当遇到问题时，可以回到大的思想传统和人类实践的传统中去，结合现实经验进行更深刻的反省，并找出可能改进的途径。

传统观念中，但凡出现贬义劳动而推崇某种其他活动（读书进学、理性沉思）的倾向，背后都受到某种人性假设的支配。而这些人性假设中，往往认为人性中的某部分，如理性、精神性要比其他部分更加高贵，因此这些部分的活动要优于或优先于其他部分。作为哲学思考，这些理论是有价值甚至十分有深度的。但是作为培养人的教育实践，却不能简单陷入某种哲学理论的支配中。换言之，我们需要一种真正的“全面发展的人”的观念，才能克服这些对人性理解有失偏颇思想所带来的负面影响。关于人的教育，最深刻的理论之一就是人的全面发展理论。而人的全面发展，首先是人的体力和智力得到充分的发展，最突出的体现就是在劳动中。劳动最能考察一个人是否具有知识技能、合作精神、创造力与坚毅的品格，拥有勇于与这个世界打交道，并通过自己的双手把这个世界变得更好的信心与能力。

（三）从古典思想中汲取劳动教育的营养

进行充分的理论反思之后，我们更要能够看到，古典劳动观念中的许多思考对今天的劳动教育仍有不可磨灭的价值。

在劳动与生活的关系层面，中西古典文明都肯定劳动是幸福生活的来源，勤劳是值得称赞的品德，这是最基础也最朴素的理解。没有任何一个时代可以不通过劳动就获得美好幸福的生活，也没有任何一种方式能够不通过劳动就塑造完整和谐的人生。人们朴素地感受到，勤劳的生活符合神意（西方）或符合自然（中国）。这种对劳动的朴素情感在教育中是重要的，尤其对于年龄较小的儿童，能够感受到劳动与生活的紧密关联，是培养他们热爱劳动精神的重要理由。

在劳动与价值的关系层面，古典劳动观念都将劳动与美德紧紧关联。这也是劳动的地位和价值问题中的核心问题，在不同的人那里有不同的答案，这些观念又在不同形式和程度上影响到今天的人。中西都有思想家把精神活动的价值看得高于生产劳动的价值。作为价值的劳动有两个对立面，一个是“神圣的闲暇”，另一个是“罪恶的懒散”，劳动教会人如何度过不劳动的时光。享受闲暇和避免懒惰是劳动能带给人的双重收获，没有经过劳苦的人是不会明白闲暇的可贵的，而没有经受劳动锻炼的人也很难避免懒散的缺点，两者之间应该达到明智的平衡，以培养出更全面的美德。

古典劳动观还向我们揭示劳动与神圣的关系，这是今天的劳动教育尤其需要重新反思的问题。在西方，劳动是上帝赋予的神圣职责，具有超验的神圣性。后来韦伯在谈论新教伦理与资本主义精神中的“天职”（Beruf）观念时，思想来源仍在于此。而在中国，国家层面通过地坛、先农坛、社稷坛的祭祀树立土地的神圣性，又通过亲耕、亲蚕等礼仪赋予农事极重要的象征意义。神圣性是一种内在的精神属性，神圣的事物能够在复杂艰苦的环境甚至暂时挫折的境遇中仍然保持吸引力，是人类能够忍受劳苦的重要动力。人不仅为了谋生忍受劳苦，也为了崇高和神圣的目的而劳苦。在20世纪初，中国工人运动的先驱喊出“劳工神圣”的口号时，“神圣”就与现代中国劳动者的命运紧密相连。到了今天，中华民族的伟大复兴与人类命运共同体都是值得仰望和追寻的神圣理由。

古典劳动观还向我们启示一种具有平衡感的生活。当今社会过于鼓励奋斗和忙碌，人们主动或被动陷入了类似“996”的生活。在这种情况下，闲暇沉思提升精神世界的教育就是有必要的。而今天同样有厌倦劳动，崇拜资本，盼望靠资本而不是靠劳动谋生，希望躺着来钱的堕落思想，而且已经侵蚀了一部分年轻人。面对这些，勤劳品格的教育也是必要的。但勤劳与闲暇是健康生活的一体两面，也是人的全面发展的必由之路。在各种强调勤劳美德的文化中，“勤”都不是一种单独存在的品质，其背后必须有更高尚的目标和更加美好平衡的生活方式。就如最早在基督教文化中倡导勤劳美德的本笃会，对后世劳动与生活观念最大的贡献在于提出了最早的“8小时工作制”，且将工余时间分为料理世俗生活和精神生活两部分，实现一种简单但重要的平衡。而中国的“农禅一体”或“耕读传家”文化也与之异曲同工，都实现了体力劳动与脑力劳动的适当配合，在此基础上才强调“勤”的价值。因此，“勤”不仅仅是鼓励多消耗，多付出，也是对更加合理的生活方式的建立。

这也要求我们构筑一种更加丰满的“劳模”形象。在过去，废寝忘食、夜以继日地工作就是宣传劳模的标准用语。今天我们需要的“劳模”形象，不仅仅是能在劳动领域做出突出贡献或取得巨大成绩，同时也要注意这些贡献与成绩如何帮助劳动者过上更好的生活。让“劳模”成为让人们真正羡慕和向往的人，让劳模的生活有吸引力，而不是口头上称赞但实际行动上敬而远之。这就意味着要让“劳动模范”成为“生活模范”，即一种整体美善生活的代表。

综上所述，古典劳动观念能够帮助我们发掘劳动本身的美好。劳动的教育价值在于两方面：一是在劳动中创造的价值，二是劳动作为一种活动本身的价值。当今社会中，市场和用人单位更看重人在劳动中能创造多少价值，创造价值越多、效率越高，越能得到回报和肯定。但教育需要看重的应该是“劳动”本身的价值，在这个问题上，古典理论提供的崇高视野和价值关怀值得我们重新回顾。因为我们相信“劳动这种自由自觉、带有创造和改造意义的活动，拥有对‘人’的普遍意义”①。最终我们需要通过劳动教育，让我们今日的学生——未来的劳动者能够过上一种有获得感、有意义感、有幸福感、有平衡感的美好生活。

（编辑：曲霞　丁红莉）

Classical Ideas of Labor and Its Contemporary Inspiration to Labor Education

Lou Yu

Abstract: The practice of labor education is influenced by historical ideas, and it is of great significance to analyze the classical ideas for today's labor education. In the western ideas, Greek epics and plays generally consider hard work to be an important virtue, consistent with divinity and justice, while Greek philosophers affirm the importance of labor to the city-states, and think that labor does not match the noble life of reason. In Christian thought, labor is not only God's punishment for human crimes, but also a sacred duty entrusted by God to man. Later, the life concept of “work and prayer” was developed. In China's labor concept, both Mohism and Confucianism attach great importance to labor and people's livelihood, but Confucianism also devalues manual labor in the division between labor and mind. Buddhism and Taoism combine

---

① 娄雨：《什么是“劳动的独特育人价值”——论劳动之于“体、技、心”的教育意义》，《中国教育学刊》2020年第8期。

their own practice with agricultural labor to develop the concept of " integration of agriculture and Zen" and " cultivation to prove Tao" . Both Chinese and Western classical views on labor have their own complexity. The praise and derogation of labor affects people's views on labor and labor education to varying degrees. We need to reflect on some of them and draw nutrition from the profound thinking of the ancients, so as to improve modern labor education and create a good life with a sense of gain, meaning, happines and balance.

Keywords: Labor View; Labor Education; Ancient Greece; Christianity; Confucianism

列宁社会主义劳动思想及其当代价值

汪雅琳　贾淑品

【摘　　要】劳动是人类社会存在和发展的基础。列宁在解决俄国社会劳动问题的具体实践中形成的社会主义劳动思想不仅蕴含着丰富的内涵，推动了苏维埃俄国的社会主义建设，而且对新时期社会主义国家实现效率与公平的统一、解放和发展生产力、树立劳动光荣劳动幸福的观念、加强大中小学劳动教育有着重要的借鉴意义。

【关 键 词】列宁；社会主义劳动；按劳分配

【作者简介】汪雅琳，上海师范大学马克思主义学院马克思主义发展史专业硕士研究生；贾淑品，上海师范大学马克思主义基本原理教研室主任，教授，博士生导师。

劳动是马克思主义唯物史观的基石，列宁的社会主义劳动思想是在继承和发展马克思劳动思想的基础上与苏维埃俄国具体实际相结合的产物，其具体内容丰富而全面，为苏维埃俄国社会主义建设提供了助力。新时代，我们劳动者面临全面建设小康社会，为 2035 年基本实现社会主义现代化的远景目标而奋斗的重任，广大劳动者必须勇往直前、不断拼搏，用劳动创造辉煌。习近平总书记在 2020 年 5 月 1 日给郑州圆方集团职工的回信中勉励广大劳动群众：“希望广大劳动群众坚定信心、保持干劲，弘扬劳动精神，克服艰难险阻，在平凡岗位上续写不平凡的故事，用自己的辛勤劳动为疫情防控和经济社会发展贡献更多力量。”[①] 因而，新时期，结合我国具体国情继承和发展列宁的社会主义劳动思想，对于劳动者提高生产积极性、保障劳动者权益、加快发展社会生产力尤为重要。

一 列宁社会主义劳动思想形成的时代背景和理论来源

劳动不仅是人之所以为人的本质特征，而且是推动社会永续发展的动力与源泉。列宁在其思想发展过程中，深入系统地研究了劳动问题，形成了独具特色的社会主义劳动思想。当然，任何社会思想都不是凭空产生的，列宁的社会主义劳动思想既有它产生的时代背景，也有它产生的理论来源。

（一）列宁社会主义劳动思想形成的时代背景

十月革命前，沙皇政府作为维护资产阶级利益的工具，放任甚至连同一小部分资本家一起奴役、剥削、压迫着成千上万的劳动者，并且颁布了一系列不平等的法律。对此，列宁以笔为武器彻底地揭示了沙皇政府以及资本家奴役、剥削、压迫劳动者的现象，深刻地批判了早期的资产阶级劳动，揭露了资本家剥削劳动的本质。俄历 1917 年 10 月 25 日，在无产阶级革命导师列宁的领导下，广大无产阶级奋起击垮了俄国资产阶级反动派的统治，使俄国的资产阶级退出了历史的舞台，布尔什维克掌握了政权并建立了人类历史上第一个社会主义国家。如果说革命之前，在沙皇专制制度的残余势力以及国内资本主义压迫的大背景下，俄国无产阶级所面临的主要任务是进行社会主义革命，推翻资本主义旧世界，那么在革命之后，俄国的无产阶级摆脱了封建势力和资产阶级的压迫，主要任务则转变为管理、建设社会主义新世界，这时便需要思考社会主义建设的各方面问题，也正是在此基础上，列宁开始系统地思考社会主义社会的劳动问题并逐渐形成了丰富的社会主义劳动思想。

（二）列宁社会主义劳动思想生成的理论来源

列宁的社会主义劳动思想是对马克思劳动思想扬弃的结果。众所周知，马克

① 《习近平给郑州圆方集团职工回信勉励广大劳动群众　弘扬劳动精神　克服艰难险阻　在平凡岗位上续写不平凡的故事》，《光彩》2020 年第 5 期，第 3 页。

思劳动思想非常丰富，他揭示和批判了资本主义私有制经济条件下的劳动异化现象，也对共产主义社会自由自觉的劳动做出了美好设想。正是在继承和发展马克思劳动思想的基础上，列宁的劳动思想得以形成和发展。一方面，马克思指出："在这种永无止境的苦役中，反复不断地完成同一个机械过程；这种苦役单调得令人丧气，就像息息法斯的苦刑一样；劳动的重压，像巨石般一次又一次地落在疲惫不堪的工人身上。"① 列宁继承了马克思异化劳动的思想，他运用马克思主义的立场、观点、方法，揭露和批判了沙皇政府统治下工人阶级的劳动被异化、被剥削和被压迫的局面，鼓励工人阶级联合起来推翻资产阶级的反动统治，打破劳动者被欺压和剥削的现状。另一方面，马克思认为"在共产主义社会里，任何人都没有特定的活动范围，每个人都可以在任何部门内发展，社会调节着整个生产，因而使我有可能随我自己的心愿今天干这事，明天干那事，上午打猎，下午捕鱼，傍晚从事畜牧，晚饭后从事批判……"② 在此基础上，列宁系统地思考了保障劳动者权益，为劳动者谋福利，从而实现劳动幸福、实现人的全面发展的相关问题。列宁在十月革命后，着手建立了人类历史上第一个社会主义工农国家政权，他创造性地运用和发展马克思主义关于共产主义社会劳动的美好设想，并尽可能地结合俄国社会实际把它运用到俄国社会建设的具体实践之中，保障劳动者的各方面权利，使劳动者在劳动的过程中感受到愉悦，并通过劳动使自己得到全面发展，从而实现人生价值并收获幸福人生。

二　列宁社会主义劳动思想的内涵

列宁的社会主义劳动思想是在继承和发展马克思劳动思想的基础上，结合俄国社会的发展历史以及具体实际逐渐形成和发展起来的。通过对列宁有关社会主义劳动的论述进行分析和解读，可以将列宁社会主义劳动思想的主要内涵概括为：以劳动量为标准平等分配消费品；多措并举，提高劳动生产率；保障劳动者多方权益，构建和谐劳动关系三个方面的内容。

① 《马克思恩格斯全集》第44卷，人民出版社，2001，第486页。

② 《马克思恩格斯选集》第1卷，人民出版社，1972，第37~38页。

（一）以劳动量为标准平等分配消费品

马克思通过调查资本主义社会的现实发现，工人生产的产品越多，可占有和支配的产品越少，“甚至连劳动本身也成为工人只有通过最大的努力和极不规则的间歇才能加以占有的对象”。[①] 对此，列宁在《资本主义社会的贫困化》中也有相关的论述，“资本主义社会的财富以难于置信的速度增长着，与此同时工人群众却日益贫困化”。[②] 这种资本主义社会下的异化劳动，不仅使工人肉体受到了折磨，也使其精神遭到了摧残，因此“只要肉体的强制或其他强制一停止，人们就会像逃避瘟疫那样逃避劳动”。[③] 在社会主义制度下，资本主义的剥削、压迫已经消失殆尽，社会主义社会要想得到进一步发展，就必须采取积极的分配方式，调动工人的生产积极性，从而为社会主义建设提供更加强大的经济基础。因此，列宁在推翻资本主义旧世界，进行社会主义建设时，必然要考虑的就是在生产资料公有制的条件下如何正确合理地进行分配，防止贫富两极分化的问题。

列宁认为社会主义社会分配个人消费品的原则应该是按劳分配。他指出：“生产资料已经不是个人的私有财产。它们已归全社会所有。社会的每个成员完成一定份额的社会必要劳动，就从社会领得一张凭证，证明他完成了多少劳动量。他根据这张凭证从消费品的社会储存中领取相应数量的产品。这样，扣除了用作社会基金的那部分劳动量，每个劳动者从社会领回的正好是他给予社会的。”[④] 按照列宁所说，根据“劳动量凭证”从消费品的社会储存中领取“相应数量”的产品，这种“劳动量凭证”和“相应数量”的产品是一种一一对应关系，说到底，按劳分配其实是一种多劳多得，少劳少得，根据每个劳动者的劳动量所进行的分配。在生产资料公有的条件下，每个劳动者必须参与一定的社会劳动，只有参与劳动的人，才能根据其参与劳动的数量和质量获得相应的个人消费品。按劳分配原则体现了分配的平等性，在此原则的推动下，苏维埃俄国劳动者的劳动积极性得到了提高，社会生产力也得到进一步提升。由于当时生产力还不

① 贾淑品：《马克思拜物教思想与劳动异化理论的历史与逻辑》，《上海师范大学学报》（哲学社会科学版）2019 年第 4 期。

② 《列宁全集》第 22 卷，人民出版社，1990，第 240 页。

③ 《马克思恩格斯全集》第 42 卷，人民出版社，1979，第 42 页。

④ 《列宁全集》第 31 卷，人民出版社，1985，第 88 页。

够发达，不能完全满足人们生产生活的需要，而且每个人的劳动能力、身体条件和劳动参与程度都不尽相同，从而必定有部分人多得，有部分人少得，造成社会财富的不均等，但这在社会主义初级阶段是难以避免的。不过，列宁也进一步指出在社会发展的更高阶段——共产主义社会中的分配方式。由于共产主义阶段生产力水平得到极高发展，人们各尽其才，这时候劳动成了一种需要，而不仅仅是谋生的手段，真正实现各尽所能、按需分配。

社会主义社会分配个人消费品的原则——不劳动者不得食。不劳动者不得食这一原则是针对阶级社会中存在的劳者不获、获者不劳的现象而提出的。在此前的奴隶社会、封建社会、资本主义社会中，都存在着剥削现象，究其原因在于一部分人占有生产资料，即使这部分人不参与劳动也能够获得、占有他人的劳动成果。在社会主义社会，生产资料公有制使生产资料不再被私人占有，按劳分配也使得不劳动者不得食，因此每一位社会成员只有进行劳动，才能够参与分配。除了资本主义的剥削压迫，在俄国国内还存在很多懒汉，他们没有相应的劳动技能，哪怕生活穷苦艰辛，也不愿意习得技能全心地投入劳动。针对这样的现象，列宁指出："要使社会主义社会不受这些寄生虫的危害，就必须对劳动数量，对产品的生产和分配组织全民的、千百万工人和农民自愿地积极地用满腔革命热情来支持的计算和监督。"[①] 因此，列宁通过采取统计监督的方式，使不劳动不得食原则得以贯彻落实，社会的生产积极性也随之得到了极大的提高。

（二）多措并举，提高劳动生产率

1918 年，列宁在《苏维埃政权的当前任务》一文中指出："在任何社会主义革命中，当无产阶级夺取政权的任务解决以后，随着剥夺剥夺者及镇压他们反抗的任务大体上和基本上解决，必然要把创造高于资本主义的社会结构的根本任务提到首要地位，这个根本任务就是：提高劳动生产率。"[②] 在进行社会主义建设时，列宁也为大力发展生产力、提高劳动生产率提出了许多举措。

第一，提高劳动者教育水平。在列宁看来，教育教学活动如果脱离了生产劳动，就难以满足科学技术发展的需要，也不利于人的全面发展。列宁指出："在

① 《列宁全集》第 33 卷，人民出版社，1985，第 207 页。
② 《列宁全集》第 34 卷，人民出版社，1985，第 168 页。

资本主义社会里，教育工作的根本缺点之一是同组织劳动这个基本任务脱节。”①他认为，当前的教育教学活动一旦脱离了生产劳动等社会实际就与资本主义国家的形式化的、脱离现实的教育一般无二。同时，若生产劳动没有教育所提供的相关劳动技能知识和科学技术知识作为基础，人们的劳动效率也会大幅度降低，社会生产力也会长期得不到较好的发展，从而无法满足社会主义建设和发展的需要。因此，列宁在进行社会主义建设中吸取了资本主义社会的经验教训，高度重视教育教学工作与劳动的结合。他提出必须把社会生产活动与教育教学活动相结合，不仅要教导劳动人民学习劳动生产知识，还要教导他们学习一定的文化知识，使人们更全面更充分地发展自己，从而提高劳动生产率、大力发展生产力，以满足社会主义各方面建设的需要。

第二，广泛应用科学技术。马克思、恩格斯在其理论研究中都曾提到科学技术对提高劳动生产率的重要作用，认为“资本是以生产力的一定的现有的历史发展为前提的——在这些生产力中也包括科学”②。列宁继承了马克思、恩格斯的这一思想，他认为若不坚持利用科技成果，劳动生产率难以得到提高。十月革命以后，列宁指出在苏维埃共和国建设和发展的各个领域、各个阶段，都坚持采用科学技术上的一切优秀成果。特别是在生产领域，大力研发科学技术，并把科学技术充分地运用于生产的各个环节，广泛地运用大机器生产代替手工劳动，以提高劳动生产率，从而推动俄国社会主义经济建设朝着好的方向发展，增强了综合国力。除自主研发科学技术以外，列宁还提出要积极学习和引进发达国家的先进科学技术来改变俄国当时落后的经济现状，他认为社会主义国家应该抛开门户之见，把资本主义一切优秀文化成果和先进的科学技术加以利用，以此来提高劳动生产力，推动社会发展。

第三，加强劳动纪律。在社会生产活动中，劳动纪律是劳动效率的保障。针对俄国存在的懒汉、流氓消极对待劳动而且在劳动中时常不守规矩，影响社会劳动氛围和劳动生产率提高的问题，列宁也提出了加强劳动纪律的措施。他认为必须通过制定劳动纪律，对不当劳动行为进行约束，以此来保证劳动生产率的提高。对此，列宁曾多次强调劳动纪律的重要性，指出制定劳动纪律迫在眉睫，必

① 《列宁全集》第38卷，人民出版社，1986，第175页。
② 《马克思恩格斯文集》第8卷，人民出版社，2009，第188页。

须提到社会建设的日程上来。他指出："要知道无产阶级专政决不只是推翻资产阶级或推翻地主，——一切革命都这样做过，——我们的无产阶级专政是要保证建立秩序、纪律，提高劳动生产率。"① 在列宁这一思想的影响下，苏维埃俄国在十月革命后颁布了《劳动纪律条例》。同时，列宁认为除加强劳动纪律建设以外，还应该对劳动者采取说服教育的办法。通过说服教育，劳动者在进行社会生产的过程当中得以充分认识，并提升自己的主人翁地位，从而充分地发挥其自身的生产积极性以及工人阶级的组织性和纪律性。

（三）保障劳动者多方权益，构建和谐劳动关系

列宁继承了马克思的劳动群众是历史的创造者的群众史观，在马克思看来，劳动人民的社会价值和自我价值都极其重大，他们生产了人类社会生存与发展所必不可少的物质资料，创造了极为丰富的精神财富，推动了社会变革并引导着社会不断向前发展。推翻资本主义旧世界需要依靠广大劳动群众，建设社会主义新世界更需要依靠广大劳动人民。因此，必须保障劳动者各方面的权利，使劳动者人权得到充分保障，劳动者得到全面发展，从而为社会提供更多的生产力，推动社会主义建设。列宁在社会主义建设中继承与发展了马克思主义的相关观点，他极为重视对劳动者权利的保护。列宁指出，劳动人民在社会主义建设中为经济发展做出了巨大的贡献，要想劳动群众继续在社会主义建设中发光发热，必须消除剥削、压榨劳动者的现象，保障劳动者的劳动权益，充分保障劳动者人权，为劳动者提供良好工作环境和生活条件，以此提高劳动效率，为社会主义经济发展提供物质支撑。

俄历 1917 年 10 月 25 日，人类历史上第一个社会主义国家问世。苏维埃俄国使社会主义由理想变为了现实，使无产阶级摆脱了资产阶级的剥削和压迫，成为广大无产阶级的坚实依靠。在工农专政的政权得以建立后，列宁研究分析了俄国劳动人民的工作生活现状，进一步探索了保障劳动者权利的相关问题，构建了具有社会主义特色的劳动者权利保障体系。在劳动时间方面，列宁认为必须限定劳动时间，使劳动者在合理的工作时间内进行社会生产活动，这样才能保障劳动者的自由以及个人发展的权利。因此，他把劳动者一天的劳动时间限定为 8 小

① 《列宁全集》第 34 卷，人民出版社，1985，第 242 页。

时，反对工人长时间劳动，列宁认为熬夜工作对劳动者的身体健康会造成非常大的伤害，对此，他规定晚上八点到次日六点禁止要求劳动者工作。列宁通过以上规定来充分保证劳动者的休息休假时间，使劳动者的身心得到健康发展。在劳动薪酬方面，列宁在《告托伦顿工厂男女工人》中揭露了资本主义下劳动者薪酬被无情克扣的现象，他认为薪酬是劳动者进行生产和再生产的基础，是劳动者维持生产发展的需要，劳动者只有获得足够的薪酬，才能保证其基本生活。因此，他确定了劳动者的最低工资标准，以此来保证劳动者的劳动报酬，提高劳动者的生活质量，满足劳动者生存发展的需要。在劳动安全卫生方面，良好的、安全的工作环境是劳动者进行生产的基本保证，是确保劳动者生命安全的基础。对此，他指出要为劳动者提供良好的工作环境，如若劳动者在生产过程中身心遭到伤害，都应该由雇主承担相应的责任。在劳动者政治权利方面，人民是国家的主人，劳动者拥有政治权利是其作为国家主人的基本标志，也是人民参与到国家政治生活中去的直接体现。对此，列宁提出必须保证劳动者的政治权利，其主要包括选举权、罢免权、监督权和知情权等，使劳动群众真正参与到国家的管理与建设中，真正成为国家的主人。

在列宁的社会主义劳动思想的指导下，苏维埃俄国发展生产和解决人民饥饿的迫切问题得以缓解。劳动者的生产积极性得到了极大的提高，劳动者的物质生活和精神生活得到了丰富，不仅如此，苏维埃俄国得到了快速的发展，综合国力也得到了极大的提升。除此之外，列宁的社会主义思想还使马克思主义相关理论得以丰富和发展，并且对其他社会主义国家提高劳动生产率、建立和完善劳动者权利保障体系起到了重大的作用。

三　列宁社会主义劳动思想的当代价值

劳动是人类社会存在与发展的基础，生产力是人类社会发展最活跃最革命的因素。当前，我们正处在大力发展社会主义市场经济的关键时期，列宁在俄国社会的具体实践中形成的社会主义劳动思想，为我们分析研究社会主义国家的劳动问题提供了正确的立场、观点和方法。学习和借鉴的列宁劳动思想对实现效率和公平的统一、解放和发展生产力以及树立劳动光荣、劳动幸福的观念和加强大中小学劳动教育具有极其重要的意义。

（一）有利于实现效率和公平

列宁的社会主义劳动思想奉行多劳多得，少劳少得，不劳动者不得食，这对于破除资本主义社会的劳动异化，无疑是一件利器。在资本主义制度下，生产资料的私有制促使劳动与资本相对立，“这一规律制约着同资本积累相适应的贫困积累。因此，在一极是财富的积累，同时在另一极，即在把自己的产品作为资本来生产的阶级方面，是贫困、劳动折磨、受奴役、无知、粗野和道德堕落的积累”。[①] 在资本主义社会里，资本家的逐利本性，使得资本家不断压迫、剥削工人，迫使他们在更大程度上进行社会生产，为自己创造更多的财富，但在产品分配时毫无顾忌地恶意克扣以及资本主义社会根据生产要素进行分配，造成社会财富越来越集中在资本家手中，贫富差距也越来越大，并最终导致两极分化的现象。

人是生产力中最活跃的因素，合理的分配制度能够充分地调动人的生产积极性，不合理的分配制度则会大大削弱人的生产积极性。在俄国进行社会主义建设期间，列宁以劳动者的根本利益和共同利益为出发点和归宿，为了保障分配的公平性、消除剥削的现象，分析了资本主义两极分化产生的根源并结合俄国社会具体实际，采取了按劳分配、不劳动者不得食的方式，有效实现了效率和公平的统一。现阶段，社会主义国家必须继续坚持按劳分配，把劳动者的个人收入与自己付出的劳动数量和质量直接联系在一起，充分地调动广大劳动者的劳动技能学习积极性和劳动过程参与积极性，集中广大劳动群众的力量为社会主义建设添砖加瓦。

（二）有利于解放和发展生产力

马克思在《共产党宣言》中指出，无产阶级在推翻资本主义夺取政权之后，其最为迫切的任务就是要尽快、尽最大可能地推动生产力发展，增加社会生产的总量，为社会主义建设奠定一定的物质基础，从而使社会主义建设更好更快发展。对此，列宁也有相关的论述。他指出在无产阶级夺取政权后，“必然要把创造高于资本主义的社会结构的根本任务提到首要地位，这个根本任务就是：提高

① 《马克思恩格斯选集》第3卷，人民出版社，2012，第806页。

劳动生产率”①。

原始社会的生产力基础是石器生产力，奴隶社会的生产力基础是青铜器生产力，封建社会的生产力基础是以铁制工具为代表的生产力。到了现代社会，其生产力基础便是科技生产力。作为社会主义国家，提高生产力应该是其一以贯之的任务，在当前的背景下，要想解放和发展生产力，实现高质量的发展，人才和科学技术的力量不可或缺。因此，一方面，我国当前必须加快科学技术的研发，把发挥我国社会主义制度的优越性同掌握、运用和发展先进的科学技术结合起来，尽可能地把科学技术运用到生产实践中，实现我国经济的高质量发展。在自主研发科学技术的同时还要积极学习借鉴国外的先进科学技术，用国外的优秀研究成果助推我国社会生产力的发展。另一方面，必须加强对人才的不断培养。通过加强劳动者教育，对劳动者进行劳动知识和劳动技能培训，并制定相关的劳动纪律，使工人阶级的组织性、纪律性得到充分发挥，社会生产力得以提升，经济社会得以持续发展。

（三）有利于树立劳动光荣和劳动幸福的观念

人民群众既是物质财富和精神财富的创造者，也是促使社会制度变革、推动社会历史向前发展的关键力量。但人类财富的创造、文明的推进以及制度的变革，都是以劳动作为契机而展开的。除此之外，劳动还是幸福的源泉，人们在劳动中实现人生价值。因此，劳动对我们至关重要，新时期必须树立劳动光荣、劳动幸福的正确劳动观，这种正确的价值观有助于广大劳动者积极参加社会劳动，为社会主义建设贡献力量，这对我们建设社会主义现代化强国，实现中华民族的伟大复兴至关重要。

2020年初，受新冠肺炎疫情的影响，我国各地停工停产，社会主义各方面建设受到了巨大的影响。后疫情时代，各个领域都需要劳动者在自己的岗位积极贡献、发光发热，使社会运行步入正轨，更好地进行经济以及各方面建设。对此，需要在社会上营造良好的劳动氛围，树立劳动光荣、劳动幸福的观念，充分调动劳动者的生产积极性，为社会主义建设添砖加瓦。在具体的践行方法上，列宁社会主义劳动思想中的保障劳动者权利的相关思想，为我们提供了解决问题的

① 《列宁全集》第34卷，人民出版社，1985，第168页。

方案。在当前我们要发展和维护劳动者权益，释放劳动光荣、劳动幸福的时代最强音，就需要积极满足广大劳动者最关心、最直接、最现实的利益诉求，使他们的人权得到充分的保障，生产积极性得到极大的调动。同时，在劳动成果的分配上应注意公平公正，消除阻碍劳动者参与、分享劳动成果的障碍，让劳动者实现体面劳动、全面发展，保障劳动者各方面的权利。只有持续提升广大劳动者的获得感、幸福感、安全感，才能让劳动光荣、劳动幸福的价值引领在人民内心深处生根发芽、开花结果。

（四）有利于加强大中小学劳动教育

列宁的社会主义劳动思想指出，教育教学活动不能脱离生产劳动，脱离了生产劳动等社会实际的教育教学活动与资本主义国家形式化的教育如出一辙，既难以满足科学技术发展的需要，也不利于人的全面发展。因此，列宁在进行社会主义建设的过程中吸取了资本主义社会的经验教训，高度重视教育教学工作与劳动的结合，不仅教导劳动人民学习一定的文化知识，还教导他们学习相应的劳动技能，在此基础上提高劳动生产率、大力发展生产力以满足社会主义各方面建设的需要，从而使人民得到更全面更充分的发展。

现今，劳动教育是中国特色社会主义教育制度的重要内容，直接决定社会主义建设者和接班人的劳动精神面貌、劳动价值取向和劳动技能水平。① 当前，我们应以习近平新时代中国特色社会主义思想为指导，以《关于全面加强新时代大中小学劳动教育的意见》为基本遵循，结合当前经济社会发展的具体实际以及大中小学学生的学习生活实际，借鉴列宁劳动教育实践的经验教训，把劳动教育纳入大中小学人才培养培育的全过程，落实在个人成长发展的各个阶段，使劳动幸福、劳动光荣思想根植于每一位青少年的心中，为努力培养能够担当民族复兴大任的德智体美劳全面发展的社会主义建设者和接班人助力。

列宁的社会主义劳动思想对提高劳动生产率、保障劳动者权益、实现人的全面自由发展有着重大的意义。新时期，我们要结合具体国情，吸收借鉴列宁的社会主义劳动思想，破解新冠肺炎疫情给我国的复工复产所带来的影响，利用科技

---

① 《中共中央　国务院关于全面加强新时代大中小学劳动教育的意见》，《人民日报》2020年3月27日。

提高劳动生产率等，同时，借鉴列宁劳动教育思想贯彻执行大中小学劳动教育，培养新时代劳动者为实现劳动幸福、人的全面发展提供路径，为建设富强民主文明和谐美丽的社会主义现代化强国注入新生力量。

（编辑：李珂）

Lenin's Socialist Labor Thought and Its Contemporary Value

Wang Yalin, *Jia Shupin*

Abstract: Labor is the foundation of the existence and development of human society. Lenin's socialist labor thought which formed in the practice of solving the problems of Russian social labor not only contains rich connotation and promotes the socialist construction of Soviet Russia, but also has an important referential significance to the socialist countries in the new era to realize the unification of efficiency and fairness, to liberate and develop the productive forces, to establish the concept of labor's glory and happiness, and to strengthen the labor education in large.

Keywords: Lenin; Socialist Labor; Real Value

新时代劳动文化的时代价值及实践路径*

张志元　聂　昱

【摘　　要】新时代劳动文化以中华优秀传统文化为支撑，以马克思主义劳动观为理论依据，具有与时俱进的时代特征。在人类社会发展的过程中，劳动者从产生劳动认知、形成劳动方式、从事劳动活动到处理劳动关系和形成劳动价值观都与劳动文化的滋养息息相关。传播和弘扬新时代劳动精神、劳模精神、工匠精神，是全面提高我国劳动者劳动素质的必然要求。新时代劳动文化具有显著的时代价值，能够引导劳动者端正劳动态度、正视劳动价值、提升劳动能力，积极创造劳动成果。建设和弘扬新时代劳动文化，需要在全社会开展系统的劳动文化教育，补齐制度短板，构建新时代和谐劳动关系，营造尊崇劳动文化的企业文化氛围，在全社会范围内强化对劳动文化的宣传引导。

【关 键 词】新时代；劳动文化；劳动精神；劳模精神；工匠精神

【作者简介】张志元，东北大学马克思主义学院教授，博士生导师；聂昱，东北大学马克思主义学院硕士研究生。

* 本文系中宣部马克思主义理论研究和建设工程委托重大项目“雷锋精神研究”（项目编号：2020MSJ006）、辽宁省社科联项目“辽宁省传统制造业转型升级面临的困境及发展研究”（项目编号：2021lslwzzkt-001）、中央高校基本科研业务费资助项目“新时代我国制造业实现高质量发展的路径研究”（项目编号：N2013010）的阶段性研究成果。

近年来，我国对劳动文化的重视有些不足，劳动文化教育功能被淡化、弱化，社会大众对劳动文化认同欠缺，更有甚者，还存在着歪曲的劳动观念和错误的价值观念，阻碍了我国劳动文化的培育与创新。究其原因，在于我国劳动文化的传承、发扬和创新还有待加强。因此，新时代加快发展劳动文化和加强对劳动文化的培育与践行是极其紧迫的任务。为进一步推进新时代劳动文化的培育和弘扬，将劳动文化价值发挥至极致，必须深入挖掘劳动文化的时代价值，并进一步拓展劳动文化的实践路径。

一　新时代劳动文化的科学内涵

伴随人类满足自身最基本的生存需要的出现，劳动意识产生，也即最初形态的劳动文化。所谓劳动文化，是对历史上出现的劳动与文化的对抗性冲突的扬弃，是文化的劳动化或向劳动的回归，是一种彰显劳动的价值和地位、劳动者的尊严和权利的文化，是一种弘扬劳动者的经济政治主体地位、精神文化主体地位和社会历史主体地位的历史观和价值观。[①] 伴随人类文明的不断演进，建立在中华优秀传统文化基础之上的，经过劳动实践得以传承和发展的劳动思想、劳动价值观以及劳动精神等，形成了我国独特的劳动文化，主要包括劳动精神、劳模精神、工匠精神等基本要素，三者相互促进，融为一体。

（一）劳动精神是劳动文化的本质内核

马克思主义劳动观是对劳动的科学阐释，“人们首先必须吃、喝、住、穿，就是说首先必须劳动，然后才能争取统治，从事政治、宗教和哲学等等”。[②] 因此，劳动是人类进行社会活动的前提，由个人单独劳动到群体协作劳动，不断推动人类社会向前发展，人类通过劳动在与自然界进行相互交换的基础上逐渐创造了人类文明。人类所创造的劳动文化、劳动精神，进一步激励广大劳动者通过劳动实践满足基本的物质需要，进而人类开始追求更高层次的需要，如政治、经济、文化等方面，开始产生了除争夺食物之外的竞争以及利益纷争。随着社会的

---

① 韩喜平、郭喜武主编《中国劳动关系发展研究报告（1949-2019）》，中国工人出版社，2020，第 407 页。

② 《马克思恩格斯全集》（第 25 卷），人民出版社，2001，第 136 页。

不断发展进步，劳动本身从劳动工具、劳动方式到劳动活动、劳动目的也都发生了巨大的变化，进一步推动着人类社会走向现代文明。劳动是创造价值的唯一源泉，充分把握劳动精神的精髓在于劳动的创造性。富有劳动精神的劳动者通过辛勤劳动，在遵循自然界客观规律的基础上对自然界进行合理改造，创造了人类生存发展的适宜环境和无数辉煌灿烂的物质文明和精神文明，进而提高人类的认知水平和创造能力，促使人类开始追求科学真理，最后回归人自身，实现全人类解放和每个人自由而全面的发展。

习近平总书记指出："中华民族是勤于劳动、善于创造的民族。正是因为劳动创造，我们拥有了历史的辉煌；也正是因为劳动创造，我们拥有了今天的成就。"① 我国劳动人民自古就以农耕为主维持生计，勤勤恳恳、踏踏实实地依靠劳动创造财富；新中国成立之后，我国是工人阶级领导的社会主义国家，广大劳动人民成为国家的主人，全社会各行业都提倡"以辛勤劳动为荣"，个人理想实现和社会进步发展都依托于诚实劳动、辛勤劳动。中国作为世界上唯一一个没有出现文明中断的国家，延续着五千年伟大文明的历史长河，今天中国逐渐重新回到世界的中心，中华文明、中国精神、中国话语需要在中国脊梁的感召下发扬光大，② 广大劳动者要继承和发扬中华优秀传统文化中蕴藏的劳动精神，脚踏实地地靠自己的双手、所学的专业知识技能以及富有创造力的思维方式来为人民对美好生活的向往奋斗，用自己的劳动成果去展示自身的光和热，在劳动过程中实现个人价值和社会价值，充分展现出劳动的获得感、价值感和幸福感。

（二）劳模精神是劳动文化的实践展现

劳模精神是劳动模范所具有的宝贵精神品质，其内涵随着时代的发展进步而更加丰富，"爱岗敬业、争创一流、艰苦奋斗、勇于创新、淡泊名利、甘于奉献"是新时代的劳模精神。王进喜、袁隆平、郭明义都是我国广为人知的劳动楷模，他们的事迹家喻户晓，影响着千千万万的劳动者。正是像他们这样的劳动模范以身作则、身体力行，用自身无怨无悔的奉献诠释着劳模精神的忘我境界，

① 习近平：《在庆祝"五一"国际劳动节暨表彰全国劳动模范和先进工作者大会上的讲话》，《人民日报》2015年4月29日。

② 张志元：《新时代弘扬雷锋精神的价值意蕴》，《沈阳师范大学学报》（社会科学版）2019年第3期，第12~16页。

进而获得了全社会的高度认可和高度赞扬，将劳模精神真正发扬光大。劳模精神作为我国劳动者的宝贵精神财富，具有深刻的历史渊源和时代价值。劳模精神从中华民族的善于创造、勤劳勇敢的优秀民族精神中衍生，不同时代的各行业具有代表性的先进典型劳动工作者用自身劳动生动地诠释了劳模精神，为社会劳动者大军发挥着积极示范作用，引导他们热爱劳动、尊崇劳动并且精于劳动，对我国社会发展进步产生强大的驱动作用，为满足人民对美好生活的向往奠定一定的物质和精神基础。当今时代的劳模精神，是广大劳动人民的价值追求与奋斗方向，始终感召、鼓舞、引领劳动群众从事着以情感认同为基础、以理性共识为选择、以道德标准为规约的劳动实践过程。[①] 劳模精神的广泛传播显著增强了劳动文化的主流观念，一方面激励劳动者主动学习先进典型，自觉提高自身劳动文化素质，成长为有理想、有文化、有技术、有担当的新时代劳动者；另一方面引导劳动者弘扬中华优秀民族精神，增强中国人的民族自豪感和文化自信。社会高度认同并推崇劳模精神，在电视广播、报纸杂志、互联网自媒体等传播途径大力宣传，通过颂扬劳动模范极具感染力的鲜活事例，让广大劳动者感受到劳动的魅力，从而激发劳动者劳动热情、增强劳动者对劳模精神的认同感和劳动者之间的凝聚力，提高广大劳动者为社会主义事业奋斗的劳动积极性。

（三）工匠精神是人类劳动实践过程中特有的价值呈现

在工业现代化的今天，工匠精神并不具体指古代工匠所从事的匠艺活动的生产技术与过程，而是超越性地传承与弘扬古代工匠对匠艺事业的内在精神，更多的是指精益求精、一丝不苟的工作精神和劳动态度。新时代工匠精神追求求精与求效的统一，既包含对生产资料、生产过程、环节、工艺、流程的准确把握，也强调通过明确生产目的、选择科学有效的生产方法来实现生产成本的最低化、生产工艺的最优化和生产效果的最大化。[②] 我国工业正面临转型升级，对以往高消耗、低效率、低收益的传统发展方式的改进，逐步向低消耗、高效率、高收益转变，同时，不能一味地追求短期经济效益而忽略长远的社会生态效益。所以，工

① 田鹏颖、王圆圆：《论劳模精神的科学性及其当代价值》，《东北大学学报》（社会科学版）2018年第5期，第520~526页。

② 王英伟、陈凡：《新时代工匠精神的审视与重构》，《自然辩证法研究》2019年第11期，第52~56页。

业转型必须从最根本的劳动入手，追求高质量劳动过程和生产高品质的产品。劳动者在劳动过程中要始终践行工匠精神，不论是从事科技研发的高新技术人才还是奋斗在生产一线的普通工作者，都要做到吃苦耐劳、精益求精、高度专注、全身心投入到所从事的工作中，对每一个工作环节、每一个产品细节都要严格要求、细心专注以求得高质量的精品。按照行业标准、国家标准甚至国际标准对产品质量进行严格把关，规范的生产程序、严格的检测标准都一分一毫精准到位，绝不可偷工减料、偷减程序，同时还要践行工匠精神中的求实创新，对工作富有激情、具有创新能力，进行创造性劳动。提升中国制造的质量、打造中国制造的优质品牌效应已迫在眉睫，中国制造需要工匠精神的回归，将工匠精神始终贯穿我国经济社会发展的全过程，不断精雕细刻、精益求精。①

二　新时代劳动文化的时代价值

马克思曾强调："任何一个民族，如果停止劳动，不用说一年，就是几个星期，也要灭亡，这是每一个小孩都知道的。"② 劳动作为人类的谋生手段是人类社会生活中的决定因素，在我国进入新时代的大背景下，培育和弘扬劳动文化仍具有极为重大的时代价值。2020 年 3 月，《中共中央 国务院关于全面加强新时代大中小学劳动教育的意见》印发，使得被淡化、弱化的劳动教育有了"硬指标"。"空谈误国、实干兴邦""撸起袖子加油干""社会主义是干出来的"反映了新时代劳动文化的最强音。

（一）营造脚踏实地、踏实肯干的社会风气

改革开放以来，我国经济高速发展并且取得巨大成就，国家经济实力和人民生活水平都有了质的提高。但是同时也产生了一些问题，一部分人开始满足于生活现状、好吃懒做，享乐主义等不良思想和奢靡之风等不正风气盛行一时。正是劳模精神、工匠精神的践行者，用实际行动引导广大劳动者用心劳动，从而使整个社会的劳动文化向善向好、焕然一新。积极向上的劳动文化培养出来的一定是

① 何舰：《论"工匠精神"与技能型产业工人队伍建设》，《青海社会科学》2020 年第 1 期，第 199~204 页。

② 《马克思恩格斯选集》（第 4 卷），人民出版社，1995，第 580 页。

尊重劳动、热爱劳动、崇尚责任与奉献的新时代劳动者，在全社会范围内广泛传播“劳动最光荣、劳动最崇高、劳动最伟大、劳动最光荣”的劳动认知，让劳动者在劳动中收获物质上和精神上的满足。弘扬劳动精神对于发挥工人阶级先进性、彰显工人阶级伟大品格、推动工人阶级成长进步、营造“尊重劳动、热爱劳动、崇尚劳动”的社会文化风气具有重要的理论价值和实践意义。[①] 劳动文化中的劳动精神、劳模精神、工匠精神相辅相成、相互依存，对劳动者都产生了积极作用，促使他们以更好的工作态度、更高的工作热情、过硬的工作作风投入到劳动实践中，从而对营造脚踏实地、踏实肯干的社会风气产生巨大的推动力，激励劳动者在诚实劳动中提振劳动热情和劳动创造积极性。

（二）提升劳动者的职业道德和专业素养

我国的劳动者群体整体向高素质、高学历发展，但现在还有个别劳动者存在唯金钱论、唯市场论、拜金主义等价值观念，“走后门”、“吃小灶”、玩特权等现象也还时有发生。要想在事业上迈向更高的台阶、处于更高级别的地位，必须依靠自己的真才实学，通过技术能力、管理能力、销售能力等能力赢得在职场上的春风得意。依靠劳动、尊重劳动、倡导劳动，充分激发广大劳动者的劳动热情和创造活力，引导广大劳动者树立正确的劳动观和价值观，积极主动地提高劳动技能水平，树立正确的职业道德观念，不断提升专业素养。新时代有数量众多的工匠精神践行者，在岗位上、工作中精益求精、专注执着，对所从事的工作有更严格的要求，锲而不舍地坚持创新劳动实践活动，对工作的细节一丝不苟，将时间、精力和心血融入劳动实践中，在劳动实践中感知自身价值，追寻精神上的满足。更有数不清的劳模精神的践行者，在各个行业、各个岗位用其行为规范以身作则。严于律己、吃苦耐劳的精神，不断激励劳动者提升职业道德素养，在劳动的精神层面上严格要求自己，恪守行业规范，凭着一颗真诚且热血的心投身工作，始终有“一杆秤”在心中衡量自己的行为是否与职业道德相符合。

2020年的新冠肺炎疫情突如其来，那些始终奋战在抗“疫”一线的勇于奉献、不畏艰难，敢于同病毒恶魔做斗争的工作者们，无论是医生、护士，还是建

---

① 赵浚、田鹏颖：《新时代劳动精神的科学内涵与培育路径》，《思想理论教育》2019年第9期，第98~102页。

筑工人和其他岗位上的劳动者，都是新时代劳动文化的最美践行者，他们用过硬的职业道德素养和专业素养在这场“战疫”中冲在前线。新型冠状病毒肺炎传染性极强，谁能不怕？每个人都是人身肉体，没人不怕，但是他们仍然在岗位上尽职尽责甚至超负荷工作，始终坚守在抗“疫”第一线高强度工作、近距离接触新冠肺炎患者，累倒过、脱水过的工作者不在少数。职业素养使他们不能退缩，必须要冲在前线，要与全国人民一起渡过难关。新冠肺炎疫情发生两个月后，被治愈出院的患者数量呈持续上升趋势，是医学工作者用极高的专业素养和勇于奉献的职业素养在患难时刻做了安抚病人、救治病人、研究疫苗等大量工作，才使得疫情得到有效控制。这些奋战在抗“疫”一线的逆行者是新时代劳动文化最美的诠释者。抗“疫”斗争彰显了中国力量、中国精神的伟大，将中国劳动者的劳动力量、劳动精神、劳动形象展示在世界面前。

（三）为实现中华民族伟大复兴培养时代新人

我国需要一批又一批有理想、有担当、有文化、有能力的劳动者通过劳动实践为实现中华民族伟大复兴奠定基础。其中，劳动文化素质也是新时代劳动者的基本素养。大力弘扬劳动精神、劳模精神、工匠精神，激励广大劳动者积极提升自身的劳动文化素质，为各行各业培养知识型、技能型和创新型劳动者大军。近年来，我国人口红利下降和劳动力成本上升，我国经济趋向于高质量发展，专业化人才特别是机器化、自动化的现代化工业专业人才紧缺。因此，我国对劳动者的需求也就更多地趋于高学历、专业性的高质量人才。大力传播和弘扬劳动文化，培育具有高素质的劳动者尤其高新技术的人才，在劳动活动中投入更多的智力、技能和高科技以提高我国产品的品质，打造高质量的知名品牌，形成品牌效应，逐渐缩小和发达国家之间的差距，推动我国由经济大国走向经济强国。

实现中华民族伟大复兴是中国人民近年来努力奋斗的“中国梦”。“中国梦”既不是可以凭空想象的梦，也不是口喊空号的梦，它只能是凭着中国千千万万辛勤劳动者用实实在在的劳动努力奋斗出来的梦，是需要一代又一代中国的劳动者用勤劳、智慧与勇气拼搏出来的。国家繁荣昌盛、社会发展进步、人民幸福安康都需要高素质、重实干的劳动者队伍做支撑。受过高等教育、饱受劳动文化熏陶的劳动者，有助于在全社会树立正确的劳动价值观，成长为具备敬岗爱业、工作认真负责、乐于奉献等优良品质的优秀劳动人才。劳动文化的广泛传播，切实提升劳动者的劳动意识，让劳动成为人类精神的一部分，促使劳动者树立正确的劳动价值观，通过参加劳动技能培训不断提高劳动效率和质量，同时要处理好在工作中可能接触到的劳动关系。根据自身条件和能力水平在平凡的岗位上创造更多的劳动成果，更好地为人民服务、为社会发展做贡献。加大力度提高产业工人队伍整体素质，使广大劳动者由劳力型向有文化、懂技能、善创新的新型劳动者转变，推动我国实现由传统工业化路子向先进工业文明转变。大力传播和弘扬劳动文化，促进我国劳动力队伍素质整体提升，建设知识型、技能型、创新型劳动者大军，为我国经济高质量发展进而全面建设社会主义现代化国家提供重要的人才支撑。

三　弘扬新时代劳动文化的实践路径

（一）开展系统的劳动文化教育

当前，我国正处于经济转型的攻坚期，全国上下需要万众一心、实干兴邦，确保经济实现持续健康发展。但劳动者仍存在劳动意识淡薄的现象，其主要症结在于缺乏关于劳动文化的系统化教育。2020 年 3 月 20 日，中共中央、国务院印发《关于全面加强新时代大中小学劳动教育的意见》（以下简称《意见》），强调劳动教育是中国特色社会主义教育制度的重要内容。“让劳动本身成为享受”既是社会主义精神的核心主张，同时也是社会主义发展的最终目的。劳动的享受感和幸福感正是劳动过程和劳动结果的有机统一。[①] 开展劳动文化教育成为我国教育领域亟待实施的一大重要战略。青年一代是祖国的希望与未来，开展劳动文化教育要从娃娃抓起，将普及劳动文化知识课程逐渐融入义务教育阶段的教学大纲。在学校活动中有意识地去增强学生的劳动能力，让学生从小了解劳动文化、感受劳动快乐、树立劳动意识，从小事做起、从点滴做起，引导学生树立热爱劳动、尊重劳动的价值观念，为培养德智体美劳全面发展的社会主义建设者和接班人奠定重要基础。

---

① 何云峰、王绍梁：《“让劳动本身成为享受”何以可能》，《探索与争鸣》2019 年第 7 期，第 66~73、158 页。

青年大学生是新时代劳动文化教育的受教育者和践行者，是接受劳动文化教育的关键群体。劳动教育的过程就是个体能够将劳动变为自觉意识、自觉追求和自觉行为的过程，它必须渗透到教育的各个环节。[①] 高等院校要展开系统化、专业性的劳动文化教育，培养从事劳动文化教育的专业师资队伍，制定科学的培养方案和教学大纲，引导大学生树立正确的劳动价值观，发自内心地尊重劳动、热爱劳动、崇尚劳动，早日成长为德智体美劳全面发展的社会主义建设者和接班人。在进行课堂授课的同时，还应该将劳动文化融入校园文化建设中，在社团活动、各种专业小组或兴趣小组的发展中都可以加入劳动文化元素，增强大学生的劳动能力，进一步培育和激发创造性劳动；校团委可以举行“劳动文化月”系列活动，如劳动文化知识竞赛、劳模人物事迹演讲大赛、“发现身边的劳模”摄影大赛、征文大赛等。利用互联网、新媒体的线上宣传渠道推出劳动文化的相关内容，做好劳动文化的宣传工作，让劳动文化在潜移默化中融入学生心田。根据各年级的学生情况安排不同内容的劳动文化教育，要特别重视毕业生的劳动文化教育，如毕业实习、专业实习、劳动技能测验等相关环节必不可少，强化毕业生的劳动技能训练，增加劳动实战经验，为青年大学生未来走上职场打牢坚实的专业技能基础。

（二）补齐制度短板，构建新时代和谐劳动关系

在社会主义条件下，以生产资料公有制为基础的社会主义经济制度决定着工人阶级的“主人翁”地位，也决定着社会主义的劳动关系是利益一致内在和谐的劳动关系。[②] 和谐的劳动关系是劳动活动得以顺利进行的重要前提。建立健全劳动相关法律法规和制度，从制度层面保护好劳动者合理的劳动酬劳和适当的劳动时间等合法权益。政府相关部门要完善好劳动用工制度、劳动管理规章制度和劳动保障规章制度等制度，为劳动者维护自身合法权益提供制度保障。企业方面要根据企业经营状况和劳动者实际劳动成果制定合理的规章制度，政府相关部门可以发行企业规章制度的“范本”以保证企业各项制度的完整性和合理性。政

① 岳海洋：《新时代加强高校劳动教育的价值意蕴与实践路径》，《思想理论教育》2019年第3期，第100~104页。

② 韩喜平、何况：《劳动社会关系分析与和谐劳动构建——马克思〈雇佣劳动与资本〉的方法论启示》，《马克思主义理论学科研究》2019年第6期，第23~30页。

府和企业共同补齐劳动制度短板，为构建和谐的新时代劳动关系奠定制度性基础，有利于营造弘扬劳动文化正能量的生产生活环境。

此外，相关部门还要完善好劳动报酬制度和劳动激励制度。人作为现实感性的存在，具有追求物质生活的需要。这种需要不仅是对基本生活保障的需要，也是对物质分配中公平公正的追求。[①] 广大劳动人民进行劳动最根本的目的是获取足以维持自身与其家人生存与发展的生活资料。近年来，实现劳动报酬和劳动生产率同步增长已成为党和政府不断改善民生的重要议题。因此，要激励劳动者的劳动积极性首先要提高劳动者的劳动报酬，努力实现劳动者所付出的劳动与所得到的收入相匹配，切实完善好劳动者报酬增长机制，让劳动者切实感受到通过劳动所带来的丰厚回报。从初次分配和再分配两方面健全我国分配制度，适当提高劳动者收入以保障劳动者劳动报酬公平公正。根据劳动者创造的劳动价值和付出的劳动强度按比例适当地增加劳动者酬劳是切实可行的，如提高个人所得税起征点、降低个人所得税税率以提高劳动者实际收入，在满足物质需求的基础上才能考虑精神层面的满足，劳动报酬增多直接影响到劳动者的劳动获得感和幸福感。在完善好劳动报酬制度的基础上完善劳动激励制度，对所从事的行业及社会、国家具有突出贡献的劳动模范和先进工作者，不仅要给予物质层面的奖励，而且要给予精神层面的奖励，显现出在我国劳动者尤其是先进工作者是受人尊崇的，进一步激发劳动者的劳动积极性和创造性。

（三）营造尊崇劳动文化的企业文化氛围

企业要明确自身在劳动体系中的主体责任，有规划地对企业内的劳动者进行有针对性的职业技能培训，以进一步提高已就业劳动者的劳动技能水平，解决好在实际工作中出现的关于核心技术方面的“卡脖子”问题，可以请教行业内的知名学者、技术“大咖”到企业进行现场指导，让劳动者积极主动学习专业性劳动文化。培育企业独特的企业文化以增强企业凝聚力，使广大劳动者产生强烈的集体荣誉感和企业归属感，使劳动者更积极主动地提高劳动效率、提升劳动能力及劳动质量，为企业创造更大的收益和价值。企业积极培育具备高素质的劳动

---

① 于春玲：《马克思劳动观视域下的社会主义核心价值观认同》，《思想教育研究》2017 年第 12 期，第 41~45 页。

者，开展诚实劳动，培育创新意识和创新能力并积极鼓励开展团队合作，有利于企业发挥其人才的最大价值。同时，要积极弘扬企业家精神，在企业经营管理过程中充分尊重劳动者的主体性，调动劳动者的工作积极性，使劳动者更好地投身在实际工作中。

我国经济正处于由高速增长阶段向高质量发展阶段的转变期，企业需要及时引导劳动者树立正确的劳动观，尤其是劳动价值观。要在诚实劳动的基础上进行高质量劳动，正确的劳动价值观直接影响着劳动者的劳动态度、劳动热情、劳动质量等方面，劳动者不仅要看到劳动所带来的物质收益，而且要更深刻地、更深层次地看到劳动所带来的社会效益和社会价值。企业若是存在个别劳动者漠视劳动文化的现象，将会影响企业整体的工作氛围，其他员工不可避免地会受到影响，使其他劳动者也容易产生消极怠工的情况。因此，弘扬劳动文化在企业经营文化中是必不可少的环节。企业要培养员工形成尊重劳动、崇尚劳动、劳动者人人平等的劳动价值观，避免劳动者之间产生某些不必要的纠纷、误会等。企业还要引导劳动者树立正确的技能观。“崇尚一技之长、不唯学历凭能力”，爱才、惜才、懂才，将有理想、懂技术、有能力的劳动者凝聚于企业内。不可有行业高低贵贱之分，杜绝对任何职业产生偏见或戴有色眼镜看其他劳动者所从事的行业，对于拥有一技之长和依靠体力劳动工作的劳动者，绝不可以轻视，要平等对待每一位劳动者。尊重所有的劳动者，每一位凭借自己的实力进行劳动活动的劳动者都需得到应有的尊重。

（四）在全社会范围内强化对劳动文化的宣传引导

拓宽劳动文化的宣传途径，更新劳动文化传播的模式，采用新形式、新方法、新手段大力宣传劳动文化，“润物细无声”般地引导大众在潜移默化中接受劳动文化。利用好现代社会的新闻传播工具，如电视广播、报纸杂志、电影、短视频自媒体等传统与新兴信息传播媒介，大力宣传和弘扬劳动文化。在全国范围内采写劳动模范的典型事迹，通过电视或网络节目的形式对获得奖项的劳动者在节目现场进行颁奖并讲述本人真实经历，可举办形式不同的内容类似的劳动模范和先进工作者表彰大会；在网络上发起“寻找不平凡的平凡劳动者”的活动，可以采用自述、他述等方式通过视频或文字讲述当事人的劳动事迹，让群众感受到劳动模范就在我们身边；市县乡镇、街道社区、村委会自发组织群众共同学习劳动文化，真正地接触到劳动文化，了解劳动文化实质内涵，以极具代表性的劳动楷模或是身边熟悉的劳动榜样为案例生动解读劳动文化，使劳动文化深入人心。

伴随着互联网时代的到来，互联网极大地拓宽了民众了解信息、学习知识与各抒己见的渠道，对社会发展、民众思想与价值取向具有深刻的影响。但是，“互联网是把双刃剑”，利弊并存，必须对网络环境进行监督和净化，明确互联网不是法外之地，法律规定与道德约束在网络上依然适用。要引导和把握好网络上劳动文化的舆论方向，坚决杜绝消极劳动、蔑视劳动的情况存在。网络可以个人“发声”，但不能不负责任地发表言论，广大群众要自觉规范好网络言论，传播劳动文化正能量。强化我国对劳动文化的网络宣传引导，进一步增强社会大众对劳动精神、劳模精神、工匠精神的尊重与推崇，促使尊重劳动、热爱劳动的敬业风气在网络环境中蔚然成风。

劳动作为人类最基本的社会实践活动，在经济学中，是推动生产力发展和建构社会关系的根本性力量。① 劳动者在择业就业时根据自身的能力、条件和兴趣所在，选择最大限度地体现个人价值和奉献社会价值的职业，使劳动精神、劳模精神、工匠精神深入广大劳动人民内心，引导新时代劳动者积极主动地弘扬劳动文化和培育敬业精神。社会劳动大众在劳动实践的过程中自觉磨炼意志，养成吃苦耐劳的优良品质，让尊重劳动、诚实劳动的劳动氛围在全社会范围内蔚然成风。俗话说“干一行，爱一行”，其中蕴含着一定的道理，只要能够通过劳动实现自我价值和奉献社会价值的职业都是令人尊重的职业。劳动者要凭借对行业的热爱与敬意从事工作，在劳动过程中做到爱岗敬业，要培育好和发扬好劳动精神、劳模精神、工匠精神。要全力打造优良的择业、就业的社会环境，建立健全社会劳动保障体系，让劳动者尤其技术工人享受到包容且宽松的社会劳动氛围，促使劳动者积极主动地在劳动实践中弘扬劳动文化正能量，为全面建设社会主义现代化国家做出积极贡献。

（编辑：胡玉玲）

---

① 刘向兵：《多学科视阈下劳动教育的中国特色审视》，载中国劳动关系学院劳动教育中心主办《劳动教育评论》第1辑，社会科学文献出版社，2020，第12~30页。

The Time Value and Practice Path of Labor Culture in the New Era

Zhang Zhiyuan, Nie Yu

Abstract: The labor culture of the new era is supported by Chinese excellent traditional culture and based on Marxist labor view, which has the characteristics of keeping pace with the times. In the process of the development of human society, labor culture is closely related to the generation of labor cognition, the formation of labor mode, the engagement of labor activities, the handling of labor relations and the formation of labor values. To spread and carry forward labor spirit, model worker spirit and craftsmanship spirit in the new era is an inevitable requirement for comprehensively improving the labor quality of Chinese workers. Labor culture has a significant value of the times, which can guide workers to correct labor attitude, face up to labor value, improve labor ability, and actively create work achievements. To build and promote labor culture, we need to do the following four aspects: develop systematic labor culture education in the whole society; make up for the shortcomings of the system and build a harmonious labor relationship; create an enterprise culture atmosphere of respecting labor culture; strengthen the propaganda and guidance of labor culture in the whole society.

Keywords: New Era; Labor Culture; Labor Spirit; Model Worker Spirit; Craftsmanship Spirit

劳动教育政策的舆情分析：以微博的议论为例*

张雯闻　张运红　刘志明

【摘　　要】劳动教育是近期我国大中小学教育研究的重要议题。中共中央、国务院出台系列文件对劳动教育的目标、内容和形式做出较为详细的解释和规定。但民众对该政策有何看法，对劳动教育的形式和内容有何诉求等议题仍不清晰。本文以2019年底至2020年8月中旬微博上带劳动教育标识的议论为例，分析了民众对劳动教育政策的议论，其结果显示，大部分民众对劳动教育持有较为正面情感态度，支持劳动教育的开设并认为劳动教育有助于学生的发展。但部分民众对劳动教育持负面评价，忧虑劳动教育沦为形式。以民众的议论为基础，本研究提出劳动教育政策贯彻实施的政策建议，包括加强劳动教育宣传，压实劳动教育责任以及更新劳动教育内容三方面。

【关 键 词】劳动教育；舆情分析；教育政策

【作者简介】张雯闻，华南农业大学公共管理学院副教授，博士；张运红，华南农业大学公共管理学院副教授，博士；刘志明，华南农业大学公共管理学院副教授，博士。

* 本文系2020年度华南农业大学教学质量工程“公共部门人力资源管理课程教学团队”（项目编号：zlgc20032）、2020年度广东省教学质量与教学改革工程项目“公共部门人力资源管理课程教学团队”（项目编号：粤教高函〔2020〕19号）的阶段性研究成果。

一 引言

习近平总书记指出“在前进道路上，我们要始终高度重视劳动者素质”[①]，“通过各种措施和方式，教育引导广大青少年牢固树立热爱劳动的思想、牢固养成热爱劳动的习惯，为祖国发展培养一代又一代勤于劳动、善于劳动的高素质劳动者”[②]。基于此，2020年3月，中共中央、国务院颁布《关于全面加强新时代大中小学劳动教育的意见》（以下简称《意见》），高度强调劳动教育在培养新时代社会主义建设者和接班人方面的作用，凸显劳动教育在当前人才培养中的战略地位，7月教育部颁布《大中小学劳动教育指导纲要（试行）》（以下简称《指导纲要》），进一步规定劳动教育的实施方案，就加快构建德智体美劳全面培养的教育体系做出要求。

尽管劳动教育得到了政府的高度重视，但同时，民众如何理解劳动教育、劳动教育如何落实等问题仍不清晰。舆情显示，民众对此一政策有着广泛的议论，尽管民众对政策表示支持，这些议论的情感并不总是正面的，在支持劳动教育政策的议论中也有着批评的声音，对政策实施的担忧也在民众的议论中隐现。

“办人民满意的教育”是我国教育发展的重要目标，[③] 也是评价教育政策实施效果的根本原则。推行劳动教育政策，必须关注、重视公共领域对劳动教育的议论，了解民众对劳动教育的核心关切，并有针对性地实施劳动教育，在实现国家发展的宏观目标之际更好地满足微观层面个体民众的需求。

以此为目标，本文运用舆情研究的关键词与情感分析方法，对微博上针对劳动教育政策的议论展开分析，主要包括三个部分，即研究方法、舆情分析、结论与政策建议。

① 《习近平关于科技创新论述摘编》，中央文献出版社，2016，第123页。

② 刘向兵：《多学科视阈下劳动教育的中国特色审视》，载中国劳动关系学院劳动教育中心主办《劳动教育评论》第1辑，社会科学文献出版社，2020。

③ 陈霜叶、孟浏今：《公共舆情中教育政策目标、议题关注与价值表达：以两份十大教育新闻榜单的话语分析为例》，《北京大学教育评论》2014年第4期。

二　研究方法

（一）数据采集方法

微博是我国民众针对教育政策发表议论的主要互联网平台，民众可以在该平台广泛而自由的观点，并就某一事件或政策展开讨论。因此，本研究选取微博作为舆情分析的数据来源。原始微文及评论的爬取步骤如下。第一，在新浪微博上进行搜索，关键字设置为“劳动教育”，时间定为2019年1月1日至2020年8月4日，①在搜索的过程中发现相关讨论多围绕着带有话题（tag）标识的内容展开，由此进一步确定把带有话题标识的博文作为搜索的主要目标，六个话题及讨论如表1所示。第二，针对前一步骤初步获取的数据进行分析并确定进一步分析方案。初步分析显示，针对上述六个话题的讨论多为无意义的转发，更多具有情感的评价发生在权威新闻媒体发布的带有上述话题博文的讨论中。因此，笔者进一步分析了17条权威媒体博文之下的讨论，利用python编辑的爬虫程序爬取4025条有效评论，以此为基础展开进一步的情感分析。

表1　劳动教育标识话题

话题	讨论数
劳动教育	604
大中小学设立劳动教育必修课	4869
中小学劳动教育课平均每周不少于1课时	389
在大中小学设立劳动教育必修课	6164
大中小学设立劳动教育必修课程	2335
教育部要求大中小学设立劳动教育必修课	256

（二）数据清理方法

完成博文下载后，笔者进一步根据研究需要对数据进行清理，包括数据清洗和中文分词两个部分。在完成Excel数据导入后，笔者人工进行了数据整理，筛

① 选取这一时期的原因是因为该时期政策频出，民众的议论比较广泛。

选并删除无效博文。随后利用 ICTCLAS 分词函数进行分词，最后获得 33374 个词语，对拆分后的词语进行人工删除，删除 1752 个无效词，共获得 31622 个有效词作为情感和关键词分析的数据。

（三）数据分析方法

本研究主要使用情感分析和关键词分析两种方法呈现民众对劳动教育政策议论，其中关键词分析是当前舆情分析的常用方法，在完成词语删选后，本研究利用在线词云分析软件将有效词语进行分析。

情感分析方法则是近年来兴起的一种分析方法。本研究应用此方法分析民众对劳动教育政策的态度和评价，具体情感评价的机制和方法过程如下。第一，数据训练与测试。从爬虫搜集的 4025 条评论中，随机抽取 200 条评论作为训练和测试数据，再用人工判断标注其情感类别（正面/负面）。第二，对文本进行预处理。使用 TF/IDF 算法对每条评论进行分词处理，将每一条评论都转换成词组，并使用停用词表过滤掉无用词。[①] 第三，依据分词内容，将本话题下的一些专用词加入到情感词库中（详见表 2）。

表 2　部分情感词库

情感倾向	词库
正面情感词	支持、好、赞赏、嘉许、激动、兴奋、惊喜、么么哒、棒棒哒……
负面情感词	桑心、累觉不爱、不能愉快玩耍、形式主义、鄙视、烦、心塞、心好累……

最后，笔者使用 python 语言开发了一个基于朴素贝叶斯算法的二分类模型，用作情感分类模型。将其代入之前生产的训练和测试数据，完成模型训练和测试。目前该模型在测试集上的表现，情感评分 0.8 以上的分类准确率可以达到 85%，符合预期效果。[②]

① 停用词指的是在信息检索中，在处理文本之前或之后自动过滤掉某些词或字，这些字或词就被称为停用词（Stops Words），这些词都是人工输入、非自动化生成的，生成后的停用词会形成一个停用词表。为了保持研究的信效度，本研究并未自行生成停用词表，而是借鉴了中文文本分析中常用的哈工大停用词表，并结合本研究特点增加了一些微博特色的无用词，以提高分词准确度。

② 需要指出的是，尽管本研究采用定量的方法对数据进行分析，但模型建构如分词规则拟定，人工判断标准情感类别的过程依然有赖于人工分类。为了最大限度地保证数据的信效度，对 200 条试测语汇本研究项目组采取双重评价机制，要求项目组两位成员在互不沟通的情况下对词语进行情感分类，并协商解决有情感争议的词语。以此为基础，进行下一步的计算。

三　舆情分析

（一）劳动教育政策议论的舆情热词分析

图 1 总结了本研究爬取的 4025 条劳动教育政策的议论的关键词，如图 1 所示，劳动教育课程是民众热议的焦点。但也可以明确看到对劳动教育课程的讨论往往与“劳动课”“打扫”“卫生”“大扫除”“烹饪”之类的家务劳动相关，“田间”“实践”“体验”等也是民众表达对劳动教育态度时的惯常词语。同时，关键词分析中“形式主义”一词出现的频次较高，显示出民众对劳动教育贯彻落实时的隐忧。

图 1　劳动教育议论的关键词分析

（二）劳动教育政策议论的情感与热词分析

1. 劳动教育政策议论的情感分析

表 3 显示了本研究对劳动教育政策议论的情感分析的描述性统计。4025 条评论情感评价分数均值为 0.713，其中最大值为 1，最小值为 0。说明民众对劳动教育有着较为正面的态度。

表 3　劳动教育政策议论情感评价的描述性统计

变量名	观测点	均值	标准差	最小值	最大值
情感评分	4025	0.713	0.289	0	1

图2显示了对微博上劳动教育政策议论的情感分析的直方图，该图中的横坐标是舆论的情感评分，评分越接近1，说明该条舆论的情感倾向越正面，也就意味着民众对该政策的评价持有支持和正面的情感态度，纵坐标是评分出现的频次。如图2所示，围绕该主题的议论有着明显的右拖尾，正面的情感评价出现的频次较高，说明民众对劳动教育的评论趋于正面，大部分持支持态度。

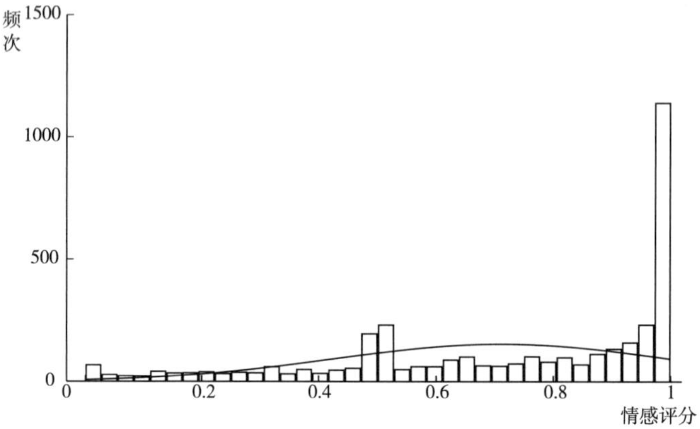

图2　劳动教育政策议论情感评价直方图

2. 劳动教育政策议论的正面情感观点热词分析

图3显示了本研究中情感评价得分在0.5以上（包含0.5）的3171条评论的关键词，以此显示正面情感观点中针对劳动教育的热词分析，如图3所示，在正面的情感表达中，民众对劳动教育的议论多围绕着劳动教育形式内容和劳动教育在学生核心素养发展中的作用展开。

图3　正面情感评价关键词

表 4 节选了部分较为典型议论内容。其中，对劳动教育持正面态度的民众往往认为劳动教育意义重大，有助于学生的成长，能够培养学生的劳动观念、劳动意识。

表 4　劳动教育政策议论正面情感评价议论内容摘录

议论内容	情感评分
加强劳动教育，我个人觉得意义挺重大的，可以加强学生、老师之间的沟通交流，让彼此之间加深感情，也让以后回想有美好的回忆，我现在想起来的都是学校组织的活动，同学们之间的互动	1
走到田间地头，才会感受到自然的乐趣；切身体会劳动，才会感知劳动人民的辛苦。让学生通过切身的体验，不仅能够改变对劳动人民的认识，还可以感知自然的规律，养成爱劳动的美德	1
劳动最光荣。劳动创造财富。热爱劳动的国家是伟大、富裕、活力、和谐的强国	1

3. 劳动教育政策议论的负面情感观点热词分析

图 4 显示了本研究中情感评价得分在 0. 5 以下的 854 条评论的关键词。以此分析负面情感观点中针对劳动教育的热词。如图 4 所示，在负面的情感表达中，民众对劳动教育的议论围绕劳动教育陷入形式主义展开，“形式主义”“浪费时间”“上有政策下有对策”等词语反复出现。

图 4　负面情感评价关键词

典型的评论如表 5 所示，这些评论对劳动教育表示担忧，其议论的核心关切是劳动教育的形式化，包括：其他课程挤占劳动教育课程；劳动教育课程陈旧不能跟上时代和社会发展的形势；劳动教育只是流于形势的政策，并不能从根本上提升青少年的素质，并培养合格的劳动者和接班人等。

表 5 劳动教育政策议论负面情感评价议论内容摘录

议论内容	情感评分
首先，你得降低对主科的要求，腾出课时。其次，学校得有场地设备，聘请老师。班主任、语文老师不想兼任太多科目	0.478
没有师资就不要随便开课！	0.204
高中生有吗，要有的话，肯定也只是学校大扫除	0.184
没有必要浪费时间	0.174

四 结论与政策建议

（一）结论

本研究以微博中近期对劳动教育热议的博文展开关键词和情感分析，其结果显示，民众对劳动教育持有较为正面的情感态度，普遍认为非常有必要加强大中小学劳动教育，通过劳动教育形式更好地培养社会主义建设者和接班人。但在支持和正面的情感态度之余，民众对劳动教育的理论认识较为局限，对劳动教育的内容以及劳动教育贯彻落实的可能性表达了担忧，包括以下几个方面。第一，民众的议论往往针对劳动教育内容，较少议论劳动教育对劳动观念和劳动精神的影响。在国家相关政策文件中，劳动教育是一个复杂的过程，不仅与课程相关，其更为深层的意蕴在于培养学生的劳动观念、劳动精神，广大民众对劳动教育仍然有欠缺，未能充分意识到劳动教育在培养社会主义建设者和接班人中的重要基础性作用。第二，民众对劳动教育内容的讨论较为偏狭，认为劳动教育只能让孩子参与或学会内务整理、洒扫、养殖和种植等活动。但在“互联网+”时代，劳动早已发生巨大改变，即使是养殖和种植等传统的农事活动也可依托现代化的信息技术系统实施，种植活动中无人农场、无人大棚比比皆是，养殖中广泛使用的基因技术育种等技术都非传统农事活动所能企及，如何与时俱进地更新劳动教育内容仍需进一步探索。第三，民众对劳动教育贯彻落实情况表示担忧，多条博文指出如果不能有配套的教育评价制度与改革措施，劳动教育易沦为“形式”；同时，缺乏专业的劳动教育师资，这一课程内容只能成为“非专业教师兼课”的主要领域，劳动教育成效堪忧。

（二）政策建议

以民众对劳动教育舆情分析结论为基础，本研究提出以下对策建议。

1. 加强劳动教育宣传

劳动教育政策的舆情分析显示，尽管国家不断出台相关政策，但民众对劳动教育的了解程度仍然有待提升。在民众的热议中，劳动教育被简化或等同于家务劳动、洒扫、养殖或种植等传统农业劳动等，并被赋予一种重返“旧日时光”的意味。但从国家政策文本看，劳动教育与上述内容并不等同。意见要求“整体优化学校课程设置……结合产业新业态、劳动新形态，注重选择新型服务型劳动教育内容”；纲要更进一步规定了不同学龄段劳动教育形式、内容的重点，比如纲要规定普通高中应“统筹劳动教育与通用技术课程相关内容，从工业、农业、现代服务业以及中华优秀传统文化特色项目中，自主选择 1~2 项生产劳动，经历完整的实践过程”。因此，进一步贯彻落实劳动教育，需要加强宣传，不断提升民众对劳动教育的理解程度，构建民众关注、家长普遍参与、社会广泛供给的劳动教育场景，不断促进劳动教育的发展。

2. 更新劳动教育内容

如前所述，民众对劳动教育内容的议论显示，当前我国劳动教育的内容仍然滞后，在我国依托信息技术革命不断发展的当下，劳动形式和内容都在不断转变，如何转变劳动教育的内容，构建更为符合时代发展需求的劳动教育课程就是此类研究需要关注的重点议题。在新的历史时期，必须不断整合劳动教育课程，让劳动教育课程回归实践本位，在日常生活劳动、生产性与非生产性劳动的基础上①，不断跨界融合②，将前沿的农业、工业劳动生产技术引入当前劳动教育课程，充分利用“互联网+”时代的技术特性，不断促进学生的全面发展。

3. 压实劳动教育责任

劳动教育政策的舆情分析也显示，劳动教育形式化是广大人民群众的普遍担

① 毛菊、孟凡丽：《劳动教育：现实困境、本义探寻与教学方案》，《课程·教材·教法》2020 年第 1 期。

② 林克松、熊晴：《走向跨界融合：新时代劳动教育课程建设的价值、认识与实践》，《湖南师范大学教育科学学报》2020 年第 2 期。

忧。许多议论提及，在当前教育评价体系不变的情况下，劳动教育课程容易被其他主要课程挤占，并最终沦为形式。这也就要求，教育行政部门在贯彻落实劳动教育政策的同时，要注意建立劳动教育责任制度，层层压实劳动教育责任，将劳动教育的内容纳入学校绩效考核和教育督导的指标，通过监测与督导促进劳动教育实施，避免劳动教育形式化。同时也需要加大劳动教师师资培养力度，构建专业化的劳动教育师资体系，保障劳动教育质量。

（编辑：李珂）

Analysis of Public Opinion on Labor Education Policy: Taking Weibo as an Example

Zhang Wenwen, Zhang Yunhong, Liu Zhiming

Abstract: Labor education is an important topic in China's education research recently. The CPC Central Committee and the State Council issued a series of documents that provide more detailed explanations and regulations on the objectives, content, and forms of labor education. However, it is still unclear what the people think of the policy, the form and content of labor education, and their demands. This paper takes the discussion of labor education logo on Weibo from the end of 2019 to August 2020 as an example, and analyzes the public's discussion on labor education policy. The results show that most people have a positive emotional attitude towards labor education, support the opening of labor education and think that labor education is helpful to the development of students. Meanwhile, some people worry about labor education becoming formalism. Based on the discussion of the public, this study puts forward suggestions for the implementation of labor education policy, including strengthening labor education propaganda, compacting labor education responsibility and updating labor education content.

Keywords: Labor Education; Public Opinion Analysis; Education Policy

• 热点聚焦 •

加强供给侧改革　多样化提供高校劳动教育资源*

周湘林　李睿婕

【摘　　要】加强劳动教育，构建德智体美劳全面开展的教育体系是培养新时代社会主义建设者和接班人的重要基础。面对新时代劳动教育新形态，高校应积极改进劳动教育方式、拓宽劳动教育途径、提供充足有效的劳动教育资源。本研究从公共产品理论视角探讨构建高校劳动教育资源的供给模式，提出自给、共建、互助、公益、赞助和购买六种模式，并选择一所高校开展的劳动教育活动进行案例分析，基于该高校已有模式运行和未来模式探索提出政策建议。

【关 键 词】高校劳动教育；供给侧改革；供给模式

【作者简介】周湘林，中央财经大学政府管理学院、教育经济与管理研究中心副教授，中国劳动关系学院劳动教育中心兼职研究员；李睿婕，中央财经大学政府管理学院硕士研究生。

加强新时代劳动教育，构建德智体美劳全面开展的教育体系是当前建设中国特色社会主义教育制度的重要内容，也是培养新时代社会主义建设者和接班人的重要基础。劳动教育的内容主要涉及日常生活劳动、生产劳动和服务性劳动中的知识、技能与价值观。针对新时代劳动教育新形态，高校加强劳动教育的关键之

* 本文系中央财经大学2018年度教育教学改革项目“公共管理学科高水平科研支撑高质量人才培养机制研究”（项目编号：2018GRYBJG06）的阶段性研究成果。

一是积极改进劳动教育方式、拓宽劳动教育途径、提供充足有效的劳动教育资源。

一 高校劳动教育资源供给方式研讨亟须深化

《中共中央 国务院关于全面加强新时代大中小学劳动教育的意见》（以下简称《意见》）指出劳动教育要“体现时代特征，……深化产教融合，改进劳动教育方式”；要“强化综合实施，……拓宽渠道整合多方力量形成协同育人的新格局”；要“坚持因地制宜，……充分挖掘行业企业、职业院校等可利用资源”；另外，《意见》在提升劳动教育支撑保障能力方面，指出“可采取政府购买服务方式，吸引社会力量提供劳动教育服务”。教育部关于印发《大中小学劳动教育指导纲要（试行）》（以下简称《指导纲要》）中指出，普通高等学校要“强化马克思主义劳动观教育，注重围绕创新创业，结合学科专业开展生产劳动和服务性劳动，……培育创造性劳动能力和诚实守信的合法劳动意识”。《指导纲要》在关于高校劳动教育的规划与实施部分提出，高校要“负责规划设计，……多渠道引入社会力量参与学校劳动教育”，要“联合社会力量，共建共享稳定的劳动实践基地、校外实习实训基地、各类型创新创业孵化平台，多渠道拓展劳动实践场所”。《指导纲要》还在关于高校劳动教育条件保障方面提出，高校与社会力量合作建立健全开放共享机制的同时，高校内部要“利用校内学习、生活有关场所，逐步建好配齐劳动技术实践教室、实训基地，丰富劳动教育资源”。《意见》和《指导纲要》作为关于劳动教育方面的顶层设计和指导性文件，对多样化提供劳动教育资源做出了指导，提出了要求。

当前供给侧改革在全国各领域各单位有序开展，尽管以上指导性文件为劳动教育资源供给主体多元化、供给渠道丰富化以及供给模式多样化提供了政策支持和改革导向，但是从高校贯彻落实劳动教育资源供给实践方面来看，还存在许多问题亟须探讨和进一步研究。同时，加强高校劳动教育供给侧改革，提供充足多样的劳动教育资源需要加快探索劳动教育资源供给的多样化模式。

新中国成立以来，我国始终贯彻教育和劳动生产相结合的教育模式和培养方式，但在一段时间里由于对劳动教育界定不明，重视程度不够以及培养目标模糊等原因，理论层面劳动教育研究范围小、成果少；实践层面劳动教育影响小、活动少。十九大以来，基于新时代提出新论断，要加快构建德智体美劳全面培养的教育体系，特别提出依据马克思主义劳动观，突出劳动教育的思想性、社会性和实践性。在2018年全国教育大会后，劳动教育逐渐成为学界研究和探讨的热点和焦点，研究成果显著增加，主要包括劳动教育的内涵研究、价值研究、问题研究、路径研究等。

关于劳动教育的内涵，《辞海》[①] 和《中国大百科全书》[②] 中的定义强调了劳动教育的德育属性，成有信的《教育学原理》中认为劳动教育是"培养学生具有现代工农业生产的基本知识和基本技能的教育"，侧重强调劳动教育的智育属性[③]，但也有学者认为劳动教育兼具德育和智育的属性[④]。而近年来关于劳动教育内涵的讨论，学者们普遍基于马克思主义劳动观，认为劳动教育是高校人才培养体系的专门部分，具有独特价值，在其内容上注重反映新时代劳动发展趋势，形态上涉及思想教育、技能培育和劳动实践三大模块[⑤]。劳动教育的价值研究方面，肖绍明和扈中平提出要正确看待"五育"之间的辩证关系，对新时代劳动教育出现的异化进行治理，包含体力劳动教育中身体的异化，脑力劳动教育中精神的异化以及劳动过程中创造的文化价值和数字时代创造文化价值间的关系。[⑥] 高校应当充分认识到加强劳动教育是建设社会主义现代化强国的客观需要，是实现高校立德树人根本任务的客观需要，是当代青年成长为有理想、有本领、有担当的新时代大学生的客观需要。[⑦] 关于当前我国高校劳动教育的问题，有研究认为主要包括思想认知层面缺乏准确定位和理论指导；实践层面表现为劳动教育的弱化和异化，一方面劳动教育容易被忽视，另一方面劳动教育的目标不是树立劳动价值观，而是沦为惩罚或休闲的手段。[⑧] 除此之外，劳动教育还存在

① 辞海编辑委员会编纂《辞海》，上海辞书出版社，1999。

② 《中国大百科全书》总编委会编《中国大百科全书》，中国大百科全书出版社，2009，第425页。

③ 曲霞、刘向兵：《新时代高校劳动教育的内涵辨析与体系建构》，《中国高教研究》2019年第2期。

④ 徐长发：《劳动教育是人生第一教育——对习近平总书记"以劳动托起中国梦"重要思想的学习体会》，《中国农村教育》2015年第10期。

⑤ 曲霞、刘向兵：《新时代高校劳动教育的内涵辨析与体系建构》，《中国高教研究》2019年第2期。

⑥ 肖绍明、扈中平：《新时代劳动教育何以必要和可能》，《教育研究》2019年第8期。

⑦ 刘向兵、李珂、彭维峰：《深刻理解新时代加强劳动教育的重大意义与现实针对性》，《中国高等教育》2018年第21期。

⑧ 檀传宝：《加强和改进劳动教育是当务之急——当前我国劳动教育存在的问题、原因及对策》，《人民教育》2018年第20期。

内容简单化、形式表面化、项目娱乐化等问题。① 关于劳动教育的发展路径，学界通过调研实证和案例分析等方法不断探索新时代劳动教育的发展路径，基于认知革命、价值重构、课程设置、制度建设以及资源调动等提出改进和加强措施。根据劳动教育的综合育人价值和独特育人价值，正确处理劳动教育有机融入与独立设置的关系，构建“五大目标体系”、“三大任务体系”、“1+8 实施体系”和“3+1 保障体系”的新时代高校劳动教育体系。② 另外，高校以创新精神推进劳动教育高质量普及，将劳模精神、劳动精神、工匠精神与师资队伍建设有机结合，丰富师德师风建设的内涵。③ 高校通过打造“教劳融合”的教育认知端口，“劳技结合”的有效培养端口，“劳有所为”的实践体验端口以及“劳有所获”的成果反馈端口补齐劳动教育短板。④

综上可见，在高校劳动教育研究成果中，对于劳动教育供给模式和渠道仅通过少数高校的事例穿插在劳动教育的问题研究和路径研究中，没有从理论层面分析高校劳动教育的供给方式和类别。因此，本文将以新公共管理理论和公共经济学相关理论为基础，从公共产品理论视角探讨如何通过构建多样化的供给模式来加强高校劳动教育供给侧改革、提供充足多样的劳动教育资源这一重要问题。

二 高校劳动教育资源供给模式应多样化

20 世纪 70 年代，在科技革命和经济全球化的时代背景下，面对紧张的财政危机、公众的信任危机以及指导性的理论危机，部分国家公共部门尤其政府部门开展了“新公共管理运动”，并形成改革浪潮。新公共管理运动基于委托代理理论、公共选择理论以及新制度主义理论等，通过工商管理的相关理论、工具和技术，在公共部门内部引入市场竞争机制，以提升公共部门管理水平、提高公共产品供给效率、改善公共服务供给质量为目标。尽管各国“新公共管理运动”的实践存在差异，采用的工商管理工具和技术或有不同，例如绩效评估、战略管

① 吴昌福：《学校劳动教育育人价值的缺失与复归》，《教育理论与实践》2019 年第 34 期。
② 曲霞、刘向兵：《新时代高校劳动教育的内涵辨析与体系建构》，《中国高教研究》2019 年第 2 期。
③ 刘向兵、李珂、彭维峰：《深刻理解新时代加强劳动教育的重大意义与现实针对性》，《中国高等教育》2018 年第 21 期。
④ 罗元：《“四端发力”，补齐高校劳动教育短板》，《湖南日报》2020 年 4 月 16 日，第 6 版。

理、顾客至上、控制产出、标杆管理、全面质量管理等，但其指导原则主要基于以人为本、市场化、结果导向、分权协作、民主参与、多中心自主治理等理念。①

1954 年，美国经济学家萨缪尔森在其专著《公共支出的纯理论》中根据物品的竞争性和排他性定义纯公共物品和私人物品，随着公共产品理论的完善和发展，基于物品的竞争性和排他性将物品区分为集体物品、自然垄断物品、公用资源和集体物品。② 其中，自然垄断物品和公共资源被称为准公共物品，具有有限的竞争性和排他性。公共产品理论最初是为了解决因市场失灵现象而无法实现帕累托最优和社会福利最大化的问题，提出由政府出面承担公共物品和服务的供给以解决私人部门不能提供有效供给的困难。根据我国的社会基础和经济实践，20 世纪 90 年代我国已建立了社会主义市场经济体制，但在很多领域和部门的物品供给方面仍然不够丰富多样，亟待改革创新。从这一角度来看，作为准公共物品的高校劳动教育资源，在实践过程中也存在资源供给方式单一和供给效率不足的现象。

在研究物品分类及提供机制的理性选择时，如以物品提供中的政府作用为线索，可将政府角色划分为生产者、提供者和安排者。③ 参照以上分类方式，可将产品或服务的供给与消费过程分为安排、生产、使用、付费等活动，与之相关的四类角色即为安排者、生产者、使用者、成本支付者④，据此探索性提出高校劳动教育资源供给的 6 种模式，分别是自给模式、共建模式、互助模式、公益模式、赞助模式和购买模式，如表 1 所示。

表 1　高校劳动教育资源供给模式

类型	安排者	生产者	付费者	使用者
自给模式	施教机构	施教机构	施教机构	学生
共建模式	施教机构/政府	共建机构	政府/施教机构/共建机构	学生
互助模式	施教机构多个	施教机构多个	施教机构多个	学生
公益模式	施教机构/政府	公益机构	公益参与者	学生
赞助模式	施教机构/政府	赞助机构	赞助机构	学生
购买模式	施教机构/政府	服务提供机构	施教机构	学生

① 周湘林：《基于新公共管理理论视角的高校管理模式分析》，《教育研究与实验》2014 年第 3 期。
② 陈振明主编《公共管理学》，中国人民大学出版社，2017，第 141 页。
③ 陈振明主编《公共管理学》，中国人民大学出版社，2017，第 143~144 页。
④ 周湘林：《基于新公共管理理论视角的高校管理模式分析》，《教育研究与实验》2014 年第 3 期。

第一，自给模式。高校劳动教育资源供给的自给模式中，学生是资源使用者，而施教机构（高校）承担了劳动教育资源的生产者、安排者和付费者的角色，即高校劳动教育资源由高校内部直接提供并将资源安排给学生，其间产生的成本费用由高校独自承担。2019 年 12 月华东理工大学成立了上海市首个高校后勤劳动教育实践基地，以徐汇校区的美食烹饪劳动教育实践基地为例，学校依据食堂空间和厨师等校内资源搭建劳动教育实践基地，配合设计相关课程和互动项目，让同学们在劳动实践中树立劳动光荣的意识。[①] 高校依托学校土地、基础设施和教师队伍等校内资源向学生生产和提供劳动教育资源，一定程度上可以减少开支、节约成本，同时配合开设的相关课程和开展的校内助学活动“多管齐下”，不仅帮助学生在思想层面提升认识水平，也有助于形成良好的劳动教育氛围和环境。另外，自给模式可以体现“集中力量办大事”的优势，如果规划得当、统筹全面、稳步落实，高校劳动教育短期内会有良好成效。但是由于自给模式主要依靠高校内驱力，同时缺乏利益相关者的监督和第三方问责，在实际落实中容易流于形式，出现劳动教育资源供给方式单一，效果不佳等现象。劳动教育作为人才培养的重要组成部分，在资源提供机制方面，并不是高校的“独角戏”，需要探寻多元供给模式以应对大学生在校内外的各种各类劳动教育需求。

第二，共建模式。在以共建方式提供高校劳动教育资源的模式中，参与主体主要包括高校、政府、共建机构以及学生，其中劳动教育资源由共建机构生产提供，学生则受益于高校或政府安排的劳动教育活动，其间产生的成本由政府、高校及共建机构进行分担。2020 年 9 月西北政法大学成立劳动教育实践基地，由西安市长安区人民政府和学校团委牵头组织，积极选拔优秀大学生，参与社区基层组织建设。[②] 大学生将利用课余时间到基层一线实践锻炼，服务基层发展，参与社区治理，有助于培育新时代大学生的正确劳动价值观。共建模式打通了校内外资源，高校通过主动寻找共建机构或在政府部门的协调下与其他机构建立共建关系的过程中，吸纳社会力量共同提供劳动教育资源，在该

① 《大学生们与食堂厨师长学做菜，华理工设立首个高校后勤劳动教育实践基地》，上海市徐汇区人民政府官网，2019 年 12 月 17 日，http：//www. xuhui. gov. cn/xwzx_bmlf/20191217/244898. html。

② 《我校与长安区共建大学生劳动教育实践基地》，西北政法大学新闻中心官网，2020 年 9 月 28 日，https：//www. nwupl. edu. cn/news/zgxw/hsgz/77526. htm。

模式下共建机构提供服务，形成的成本由组织安排的高校或政府及共建机构一起承担，各司其职有利于提高劳动教育资源供给效率。同时，此类模式多适用于和政府机构相关的活动，例如参与社区治理、服务基层群众等，资源供给过程中政策支持和财政分担有助于提升劳动教育资源质量，让学生在共建单位提供的服务中充分锻炼劳动本领。但是从劳动教育资源供给生产的角度看，共建模式仍存在主体单一的问题，仅由共建单位提供资源有可能因信息不对称造成资源浪费或短缺，同时供给资源的种类也会受到共建机构组织性质和行业类型的影响。

第三，互助模式。高校劳动教育资源供给的互助模式主要表现为施教机构通过资源协调与其他单位或组织建立主动联系，搭建互助关系。因此在劳动教育资源供给过程中，高校和互助单位或组织共同承担服务的提供生产、组织安排和成本费用，例如以开展活动或校企合作的方式，充分发挥产教融合的优势构建劳动教育供给新模式。以常州工业职业技术学院为例，2020 年 6 月校方积极调研江苏太湖湾研学旅行有限公司并签订校企合作框架协议，通过搭建校外劳动教育实践基地落实相关议题。① 校企双方协定由校方派出学科专业教师和社团指导教师参与课程培训，不断丰富劳动教育课程；企业则承担部署部分学生参与助教、实习以及就业等活动为企业发展提供人才，注入活力。在互助供给模式中，高校和互助机构在供给过程中承担相同角色并充分参与其中，体现了参与主体的多元化，参与形式的多样化。如在校企互助供给劳动资源过程中，校企双方根据组织特色、各自需求、资源禀赋、优势劣势等搭建合作平台，开展全方位深度合作，实现优势互补、互利共赢的局面。学生们在生产性活动中运用工具和技术，将专业所学用于实习实践以感受劳动创造价值，同时也有助于探索产教融合下人才培养模式，以实现校企间长期合作。

第四，公益模式。在以公益方式供给高校劳动教育资源的模式中，高校通过联系公益组织或单位搭建资源供给平台，将公益组织提供的劳动教育资源提供给校内学生。此类供给模式在实践过程中主要表现为公益志愿活动或社会实践活动，需要借助公益组织的实践场所、社工团队以及相关培训服务等，因而其间产

① 《校企深度合作构建职业教育与基础教育融合的劳动教育新模式》，常州工业职业技术学院官网，2020 年 6 月 17 日，http：//www. czili. edu. cn/2020/0617/c1181a81668/page. htm。

生的费用由公益组织及其参与者承担。例如华中农业大学通过“本禹志愿服务队”劳动教育公益平台，连续16年组织开展山区支教、社区服务、环保宣传等公益活动，每年均有一千余名贫困大学生深入基层实践。[①] 公益模式使学生们在公益劳动和志愿服务中树立服务意识，提升社会责任感。公益机构的加入补充了校内劳动公益教育理论课程的具体实践方式，拓展了学生校外实践的渠道，丰富了校外劳动教育的资源与形式。目前，各高校为激励学生积极参与公益劳动，将其纳入学生综合测评指标体系中，体现了高校对志愿服务这一劳动教育资源供给方式的重视和肯定。但在实践过程中，此类活动易呈现及时性特征，缺乏长效合作机制。另外，部分学生急功近利，存在“拍照胜于内容”的现象使劳动教育目标异化。

第五，赞助模式。当前，高校接受社会捐赠已成为高校资源补充、资金来源的重要渠道。其实，高校劳动教育资源的供给也离不开赞助机构的捐助和赠与。高校的历届优秀毕业生以捐赠实物、创立奖助学金、资助建设楼宇和教学基地等方式在回馈母校的同时承担了可贵的社会责任。赞助模式中，赞助机构通过直接的实物捐赠或捐赠资金以建设功能性设备，提供物品等方式，提供劳动教育平台并承担其间费用，高校通过组织课程和安排实践等方式将赞助机构提供的劳动教育资源分配给学生并使其受益。我国一流高校的校友捐赠文化较为浓厚，例如北京大学校友刘水捐赠五千万元支持环城学院大楼建设，依靠此标志性大楼加强与铁汉生态股份有限公司的产学研合作，为学生开展实习实践等劳动教育活动提供基地。[②] 校友通过将个人资源延伸到企业资源，与高校建立了稳定且长期的互动关系，为校企间的人才培养、人才引进和科研项目合作增加了机会。校友捐赠劳动教育资源不仅拓宽了资源供给渠道，同时，这种捐赠文化和榜样力量也有助于增强在校学生对学校的认同感及对劳动创造财富与奉献的深刻认识。但目前国内高校接受的赞助和捐赠渠道较为单一，大部分来自校友企业，同时也存在捐赠方式单一的情况，主要表现为资金赠予，用途上多用于支持科研和奖励师生，建筑物的使用功能也多偏向于教学楼和实验室等。

---

① 孙倩茹：《新时代劳动教育视域下高校资助育人路径探析》，《学校党建与思想教育》2020年第9期。

② 《刘水楼揭幕仪式》，北京大学环境科学与工程学院官网，2017年7月7日，https：//cese. pku. edu. cn/sydt/2078. htm。

第六，购买模式。目前高校劳动教育资源供给方面也积极吸引社会力量以购买方式提供服务。这一模式的实践探索中主要采用租赁场地、购买服务、签订契约等形式向服务提供机构采购劳动教育资源，高校通过支付相应费用将购买的劳动教育资源安排给学生。例如山东交通学院与济南公交集团恒瑞生态农业有限公司签订合同建设“耕实劳动教育基地”，学校通过合同利用企业驻地开展植树造林和其他生态保护活动①；中国劳动关系学院邀请劳模代表、工匠大师等进入校园组织举办的“大国工匠进校园”② 和“劳模大讲堂”③，以打造特色品牌方式弘扬劳模精神，引领青年劳动意识。购买供给模式中高校承担组织安排和成本分担的角色，将资源供给的生产交给服务提供机构，具体落实层面呈现出市场化、契约化的特征，购买过程中服务供给机构间的竞争更好地激励资源供给方提供优质资源，同时高校掌握管理和领导的主动权，能够根据学校情况因地制宜地高效开展相关活动，有利于高校劳动教育资源供给多元化。但同时购买服务也是对高校内部的管理机制和采购流程是否成熟的考验，也对高校开展购买教育服务工作提出了新的要求。

总之，高校劳动教育资源供给存在多种模式，这些模式各具优势，也有其相对的不足。高校在开展劳动教育时，应依据本校实际情况有针对性地选取合适的劳动教育资源供给方式，切实提高劳动教育质量，培养德智体美劳全面发展的社会主义建设者和接班人。

三　C 大学劳动教育资源供给案例分析

根据《中共中央　国务院关于全面加强新时代大中小学劳动教育的意见》，各高校认真开展不同种类的劳动教育。本文将以 C 大学（教育部直属一流学科建设高校）开展的劳动教育相关活动为例，分析该大学在劳动教育资源供给方面选择的路径和模式，以及其不足和可能的改进措施。通过在 C 大学官网上对

① 《耕实教育基地揭牌成立 山东交通学院师生体验劳动生活》，山东交通学院官网，2020 年 3 月 7 日，http：//www. sdjtu. edu. cn/info/1093/16417. htm。

② 《“大国工匠进校园”活动走进中国劳动关系学院》，中华全国总工会官网，2017 年 5 月 15 日，http：//www. acftu. org/template/10041/file. jsp？ aid = 94281。

③ 《“纸上开花，剪出劳动美”——我校第 10 期“劳模大讲堂”活动成功举办》，中国劳动关系学院官网，2019 年 5 月 24 日，https：//www. culr. edu. cn/xxxw/50536. htm。

相关政策、文件的检索，本研究发现C大学在劳动教育供给模式方面主要表现为自给、互助、共建和公益四种模式。

第一，自给模式。C大学在劳动教育资源自给模式实践中，主要表现为劳动教育课程设置和校内劳动实践。

在课程设计上，C大学的劳动教育课程有以下三种呈现形式：一是设置调研实习的必修课；二是在思政课、通识课中穿插劳动教育，课时安排非常有限；三是部分学院依据专业要求开设专业课程结合进行劳动教育，如社会保障学、劳动经济学等，但不具有普遍性。以本科生和研究生的调研实习必修课为例，该课程由辅导员通知大家进行调研实习并根据提供的实习报告和实习证明进行考核评定，一般以“合格”与否评定，不给出具体的分值。此外，该门课程没有具体的课程指导和操作指南，学生秉持自主自愿寻找实习渠道并获得实习机会，但实际上，获得了更多自主权的学生有的按照自己的规划和想法进行实习，有的甚至不实习而伪造实习证明和实习报告。同时，该劳动教育必修课通常设置在毕业学年的前一学期，但此学期学生们都担负着巨大的课业压力，很难分出精力兼顾调研实习，因此从课程设置、考核方式以及学生配合度上看，这门劳动教育必修课程的实际效果大打折扣。

校内劳动方面，C大学配合学校奖助体系开展“三助一辅”活动，即在学校和学院范围设立助研、助教、助管和学生辅导员的岗位，学生根据岗位要求进行申报，由学院讨论研究上报研究生院并进行公示，获得岗位的同学在实践锻炼体会劳动教育重要意义的同时，也会获得每学期不超过4个月，每月不超过600元的岗位津贴。同时学校组织评选“卫生宿舍”“优秀宿舍”等，以鼓励学生自行开展日常劳动活动，树立劳动最光荣的意识；学校也会在食堂设立志愿者岗位，一方面配合当前防疫需求，另一方面让同学们在志愿活动中尊重劳动、热爱劳动。但从实际情况来看，C大学能为学生提供的劳动教育实践岗位比较有限，很难满足大部分学生的需求，并且开展形式普遍单一。

第二，共建模式。C大学以社会实践和实习的方式与其他机构在劳动教育资源供给方面，形成共建、互助的模式。2020年是全面建成小康社会的收官之年，也是脱贫攻坚的决胜之年，C大学和D大学联合帮扶甘肃省某贫困县，C大学通过“星火”梦想课堂云支教大学生志愿专项行动的方式在帮扶贫困县学子的同时，让C大学21个基层学院307位大学生志愿者体会到了青年责任的担当和劳动教育的力量。另外，C 大学法学院在京津地区政法机构的合作下共建实习基地，组织学生开展暑期实习；研究生院也和北京、云南、河南、山东和福建等地的基层社区开展寒假社会实践以及暑假学生干部挂职的共建项目，此类实践活动依托于共建单位提供的服务基地和服务对象，C 大学组织安排符合条件的同学开展劳动教育实践活动，同时给予学生适当补助和路费报销等。

第三，互助模式。C 大学及其部分学院结合学校特色和专业优势与大型央企、国企、多家知名金融机构，地产企业进行产学研签约，形成互助模式。互助过程中学校或学院、学生以及互助企业通过搭建科研实践和实习基地，为学生提供劳动教育资源，将专业理论知识转化到实践实习中来，同时校企合作的模式也推动学校“双一流”建设、促进学术创新，另外也有助于企业吸纳人才，以实现校企优势互补，多方互助共赢的局面。例如，C 大学与中国化工集团、中林集团、毕马威华振会计师事务所等签订协议搭建实习基地。尽管学校与多家企业搭建了产教研实习基地，但在学院层面呈现资源供给不充分的情况，其中财税、经济、金融、管理工程、信息、法学等专业均能获得良好稳定的劳动教育资源供给渠道，但其他专业所在学院很难获得此类资源，一方面受专业特征的影响，另一方面也与学院校外社会资源以及拓宽渠道的行动力相关。

第四，公益模式。除了以上模式之外，C 大学也积极和公益组织联合开展劳动教育活动。在 C 大学本科生的培养体系中十分重视学生参与公益志愿服务的情况，校级和院级研究生会设有青年志愿者协会，协会通过和校外公益组织合作，定期派送志愿者前往公益组织开展志愿者服务，同时对志愿者的服务小时数进行登记记录，以作为后期参与评奖评优的重要参考依据。在此类公益供给模式中，学生可以加深对劳动教育的理解、直接地了解到公益组织的运转情况和志愿服务的重要意义。但在该模式运行中，如果学校在评价考核中过分强调志愿服务的数量，关注小时数的积累，会造成功利主义倾向，不仅不符合供给此类劳动教育资源的初衷，反而会造成不好的行为示范。

综上可见，C 大学在开展劳动教育时采用了不同形式的劳动教育资源供给模式，保障了劳动教育的正常开展。但其在使用各种劳动教育资源供给模式时也存在不足，同时，赞助模式和购买模式目前没有明确或很好地得到运用和体现。这些都是值得改进的地方。

四 小结

基于公共产品理论，本研究将高校劳动教育供给模式分为自给、共建、互助、公益、赞助和购买六种模式，从劳动教育供给过程中各主体的角色定位进行区分，通过具有代表性的例子进行优缺点阐述。此外，本研究结合C大学的实际情况，将其近年来开展的活动进行归类，发现C大学劳动教育供给模式中除赞助模式和购买模式外，其他均有涉及。但在落实层面，目前的供给模式仍存在供给不充分和效率不高的情况。

高校作为劳动教育供给过程中的关键主体，要主动调动自身主观能动性以推动高校内部改革。高校应积极调动内部教育教学资源，依据马克思主义劳动观设计劳动教育课程体系，组织专业的教师团队科学开展劳动教育，将劳动经济学、劳动社会学、社会保障学等课程转为学校劳动教育方面的重要课程，提升学生理论层面和思想层面的认识，不断推进劳动教育理念从以“教”为中心向以“做”为中心的转变①，同时打通各部门的合作和配合，保证劳动教育资源合理公平地安排给每位学生。

另外，高校应积极构建劳动教育的多元主体网络，和相关主体建立长效合作机制。高校可以通过联系校外资源探索新型模式，在一定范围内组建创新创业团队、开展公益活动或实体创业平台，基于国家“双创”政策的支持，给予创新团队项目启动资金，搭建劳动教育实践平台等方式代替传统的志愿小时数累计和补助发放形式，让大学生从“打工仔”变身为“管理者”，结合专业所学在高层次劳动中提升劳动素质，感悟劳动内在价值，实现劳动教育资源供给“输血式”到“造血式”的转变。具体而言，高校及其各学院要积极拓宽产学研实践基地的搭建，通过签订合作协议和合作共建平台等形式，与相关机构建立长效合作机制，丰富新型劳动教育形式，如社会实践、创新创业、产教融合等。

综上所述，高校应基于已拓展的劳动教育供给模式将活动落到实处，加强考核评价建设，同时高校也要结合国务院、教育部政策文件在有条件的情况下积极探索新的供给模式，例如通过政府采购公开招标的形式，购买适合本校的劳动教

① 华文强：《苏区精神融入大学生劳动教育的价值与途径》，《龙岩学院学报》2020年第4期。

育资源，向本校学生提供更多优质高效的劳动教育资源，加快推进高校的劳动教育工作，切实提高劳动教育质量。

（编辑：党印）

Strengthen the Supply-side Reform to Provide College Labor Education Resources in Various Ways

Zhou Xianglin, Li Ruijie

Abstract: Strengthening labor education and building an education system which comprehensively fosters the students' all-round moral, intellectual, physical and aesthetic grounding with a hard-working spirit, is an important foundation for cultivating socialist builders and successors in the new era. Facing the new form of labor education in the new era, colleges and universities should actively improve labor education methods, broaden labor education channels, and provide sufficient and effective labor education resources. This study explores the construction of the supply mode of labor education resources in universities from the perspective of public product theory. It proposes six modes of self-sufficiency, co-construction, mutual assistance, public welfare, sponsorship and purchase, and selects a university to carry out labor education activities for case analysis. The existing model operation and future model exploration of universities put forward policy recommendations.

Keywords: Labor Education in Universities; Supply-side Reform; Supply Mode

德国工业 4.0 背景下学校劳动课程改革新举措*

任　平　贺　阳

【摘　　要】科学技术不仅改变了人的生活方式，也对教育产生了极为深刻的影响，尤其是与社会关联最为紧密的劳动教育。在以数字化为核心特征的工业 4.0 时代，劳动者的就业规模、就业结构和就业形态随着生产技术的变化发生了巨变。新职业的涌现和高端人才的匮乏，使德国学校劳动教育一度陷入困境。为破解这一难题，德国采取了一系列改革措施，以提高学校劳动课程质量，如全面落实高中阶段升学与就业指导课程，提出“面向数字世界”的课程与能力框架，创新运用项目教学法，构建课堂—工作坊—劳动基地三级劳动教育体系。借鉴德国学校劳动课程改革经验，有助于推进我国劳动课程建设进程与质量提升。

【关 键 词】工业 4.0；德国；学校劳动教育；课程改革

【作者简介】任平，广州大学教育学院讲师，课程与教学研究中心副主任，德国汉堡大学国际比较研究院博士后，教育学博士，硕士生导师；贺阳（通讯作者），山西工商学院高等教育研究院助理研究员。

德国劳动教育（Arbeitslehre）具有悠久的历史，作为与社会发展联系最为密切的一门学科，其课程内容随着工业革命的推进而不断发展，反映了各个时期工

* 本文系广东省哲学社会科学规划课题“国际比较视角下广东省劳动课程体系构建研究”（项目编号：GD20CJY37）的阶段性研究成果。

业与社会发展对劳动者能力的基本要求。在以蒸汽机生产为主要特征的第一次工业革命时期，德国劳动教育仅是一种简单且初级的职业技能培训；在以电器生产为主要特征的第二次工业革命时期，德国劳动教育旨在通过综合技术课程培养满足大规模工业生产需要的高质量的机器操作者；在以电子信息技术为主要特征的第三次工业革命时期，德国劳动教育以信息技术作为课程的重点，以应对机器自动化带来的社会变革。当前，德国已经正式步入工业 4.0（Industrie 4.0）时代，并将培育具有数字知识与技能的劳动者视为“工业 4.0”战略取得成功的关键，与终身学习能力一同作为当前基础教育阶段德国劳动课程改革的重点。同处于工业 4.0 时期，为应对发达国家先进制造业的冲击，使我国由制造大国迈向制造强国，国务院于 2015 年发布了《中国制造 2025》战略，旨在为我国未来新兴产业发展指引方向。其中，人才培养是我国《中国制造 2025》战略发展的重要支撑。但与德国相比，我国基础教育中劳动课程改革刚刚起步，在课程设置、课程实施和课程评价等方面均缺乏经验，尚不能达到《中国制造 2025》战略对人才培养规格的要求。我国劳动教育的短板不仅阻碍了我国基础教育事业的发展，还影响了我国职业教育的长远发展，制约着我国工业 4.0 时代的经济发展和生产水平的提升。因此，学习并借鉴德国工业 4.0 背景下的学校劳动课程改革，有助于完善我国学校劳动课程体系，推动社会和工业发展。

一　德国工业 4.0 对学校劳动教育发起挑战

德国教育家根特·维曼（Günter Wiemann）将劳动教育划分为普通劳动教育（Allgemeine Arbeitslehre）和特殊劳动教育（Besondere Arbeitslehre）。其中，普通劳动教育面向义务教育阶段的全体中学生开展，隶属于普通教育（Allgemeine Bildung）的范畴，意在使学生对各类劳动活动形成基本的了解，培养劳动兴趣，形成积极的劳动观，从而促进每个学生全面且和谐发展。这一观点继承了德国传统教化（Bildung）思想，即面向所有个体，旨在促进每个个体所有方面的和谐发展，“把人的所有力量最高可能地富有比例地发展成为一个整体……是人的真正目的，也就自然实现了教化”。[①] 这一观点体现在 1964 年由德国教育委员会提

① 〔德〕洪堡：《论国家的作用》，林荣远、冯兴元译，中国社会科学出版社，1998，第 25 页。

出的《关于在主体中学建设劳动课程的建议》（Empfehlungen zum Aufbau der Hauptschule）中："劳动教育的课程目标不同于职业教育，不是传统意义上的'职业培训'，而是一种符合教育法精神的对'脑、手、心'的全面培养。"① 而特殊劳动教育则以职业学校或高等学校学生为对象，是一种职业教育，即为学生提供职业培训，使其具备专业的劳动能力。普通劳动教育和特殊劳动教育虽在教育目的、教育对象和教育内容等方面具有一定的差异，但两者在功能上互为承接，且不论是普通劳动教育还是特殊劳动教育均以使学生顺利进入劳动领域为最终目的。正是劳动教育的这一特殊历史使命，使其成为学校教育与社会发展联系最为紧密的学科之一，这也就要求其学习内容随着社会的发展不断革新，以满足社会和科技发展对人才的需求。当前，随着德国宣布全面开启工业4.0时代，数字智能时代的新劳动模式对德国学校劳动教育发起了挑战。

（一）以数字化为核心特征的工业4.0时代来临

受德国制造业劳动力成本上升、品牌竞争力下降的双重压力以及制造业规模相对萎缩这一现实困境的影响，加速产业升级成为提升德国制造业竞争力的迫切需求。在此背景下，工业4.0作为德国再工业化战略最早在2011年4月德国汉诺威工业博览会中被提出。2012年德国"工业4.0工作小组"（Industrie 4.0 Gruppe）受联邦科教部委托，于2013年4月汉诺威工业博览会发表《保障德国制造业的未来：关于实施"工业4.0"战略的建议》，随后德国电子电器信息技术协会（Verband der Elektrotechnik，VDE）于2013年12月19日将其细化为"工业4.0"标准化路线图并公布。至此，基于工业4.0的"经济和劳动4.0"（Wirtschaft und Arbeit 4.0）正式成为德国当前六大高科技战略之一。②

德国工业4.0以数字化生产（Digitalisierung der Produktion）为主要特征，并以"智能+网络化"为核心，即通过信息物理系统（Cyber-Physical System，CPS）将所有生产单位链接在一起，进而推进生产过程的网络化和动态集群化，从而实现智能制造，以打破日益僵化的产业链和价值链，最终引起整个生产过程

① Deutscher Ausschuss für das Erzhiehungs-und Bildungswessen, "Empfehlungen zum Aufbau der Hauptschule. Beschluss der Kultusministerkonferenz vom 3. 7. 1969" in Bundesminiterium, *Gemeinsames MInisterialblatt*, Berlin: Bundesminiterium des Innen, 1969, pp. 402-404.

② Die Bundesregierung, Wirtschaft und Arbeit 4.0, https://www.hightech-strategie.de/de/wirtschaft-und-arbeit-4-0-1724.php.

的变革。具体而言，网络与信息物理系统的融合可以将资源、信息、物品和人进行互联，实现由集中式控制向分散式增强型控制基本模式的转变，即依托“机器对机器”（Machine to Machine，M2M）技术、物联网技术（Internet of Things，IoT）和丰富的各类应用软件，通过建立高度灵活的个性化和数字化的产品与服务生产模式，推动“智能生产”、“智能工厂”和“智能物流”——工业4.0的三大主题的发展。随着“物联网”和“务联网”的渗透，工业4.0带动了职业劳动和社会生活等领域的全方位变化，促成了由机器劳动3.0向智能劳动4.0（Arbeit 4.0）的跨越，开启了以数字娱乐和数字家庭生活为特征的闲暇4.0（Freizeit 4.0）时代。[①]

（二）人工智能引发德国劳动力市场巨变

在数字技术的支撑下，人工智能的发展在工业4.0时代进入了一个新的阶段，呈现深度学习、跨界融合、人机协调、群智开放[②]和自主控制等新特征，辐射产品生产、分配、交换、消费全阶段，催生出新经济、新产业、新业态和新模式，加速推动经济社会从数字化和网络化向智能化跃升，而劳动力市场（Arbeitsmarkt）也因此发生了前所未有的变化，主要表现在就业规模、就业结构和就业形态等方面。

在就业规模方面，工业4.0是一场前所未有的“人工智能革命”，基于自动化与智能化的机器人生产、信息技术和大数据生产，“机器替代人”已成为制造业发展的必然趋势。根据德国联邦就业部的一项调查，2013~2016年潜在的可被智能机器替代的劳动者比例由15%增加到了25%，且主要集中在制造业、物流业、保险业和人事部门。[③] 在就业结构方面，人工智能改变了劳动的性质，程序性体力类劳动者（机器操作工、物流分拣员）和程序性认知类劳动者（会计、翻译）率先受到冲击，非程序性认知类劳动者（研究人员、管理人员）和体力

① Senatsverwaltung für Bildung, Jugend und Familie Berlin. *Entwurfsfassung Curriculare Vorgaben für die gymnasiale Oberstufe—Zusatzkurskurs Digitale Welten*, Berlin: Senatsverwaltung für Bildung, Jugend und Familie Berlin, 2018, p. 3.

② 大规模的互联网用户群体不仅是各类应用服务的使用者，更是网络空间大数据和应用服务的贡献者，其构成了群智资源。因此，群智开放旨在向某一行业或领域的合作伙伴提供一个开放、完整、安全的开放创新平台，以汇聚众多参与者的力量，借助群智资源共同促进人工智能技术的发展。

③ Bundesagentur für Arbeit. Digitalisierung gefährdet Arbeitsplätze: Es kommt auf die Region an. https://www.arbeitsagentur.de/news-unterschiedliche-regionale-digitalisierung.

劳动者（手工业者、理发师）将得到发展。进一步而言，由于人工智能的发展需以大数据为前提，因此对数据科学家、算法工程师以及普通数据处理人员的需求不断增加；医疗与教育领域的高端服务岗位因其人际交流过程中的不可替代性日益紧俏；新的产业模式也不断催生出新的职业，如职业规划师、网络主播、旅游体验师、网游陪练和无人机飞手等。在就业形态方面，大量的“零工”和“独立劳动者”涌现，交易型服务、技能分享和“平台+个人”成为新的就业形态。

（三）劳动力市场变革致使德国学校劳动教育陷入困境

数字技术推动了人工智能的发展，而人工智能又进一步促进了劳动力市场的变革：受劳动力市场巨变的影响，劳动者职业发展具有极强的不确定性——“传统的科层制式的职业生涯逐渐向扁平化、小型化、分散化的‘无边界职业生涯’（Boundless Career）转变”①。这些“新”变革对德国学校劳动教育发起了新一轮挑战。其一，新型工作岗位急速涌现，但由于缺乏职业引导，就业信息在学校中传递缓慢，学生对职业的发展与更新缺乏了解，从而出现就业意愿低下和职业规划不恰当的问题，饱受由职业选择带来的焦虑、困惑和迷茫的困扰。2008年德国一项教育报告就曾指出，超过40%的中学毕业生没有参与社会劳动的意愿。② 这一问题直到2017年依旧没有得到很好的解决，当年青年失业人口的平均增长率为11.7%。③ 职业引导上的缺失是因为德国传统学校劳动教育是以职业准备为导向的，重视个体职业发展的硬性标准——能力与职业的匹配程度，却忽视了个体职业发展的软性标准——兴趣与职业的匹配程度。在新职业不断兴起，传统职业持续更新的工业4.0时代，以职业准备为导向的传统学校劳动教育虽然可以缓解就业过程中的结构性矛盾——劳动者的专业素质与职业要求不匹配所导致的人才培养与岗位需求之间的矛盾，但难以真正帮助学生对未来职业进行“准备”，因为它忽略了学生自身的兴趣和优势，极易造成学生自身特点与职业

① 黄新敏、吴旭红、黄一岚：《无边界职业生涯时代大学生就业能力探究》，《教育发展研究》2012年第1期。

② Autorengruppe Bilungsberichterstattung, *Bildung in Deutschland* 2008. *Ein indikatorengestützter Bericht mit einer Analyse zu Übergängen im Anschluss an den Sekundarbereich I.* Bielefeld, 2008, p. 159.

③ Manfred Triebe&Reinhold Hoge, “Zusammenarbeit von GATWU, TU Berlin und Unternehmensverbänden zur Stärkung des Schulfachs Wirtschaft-Arbeit-Technik （WAT）”, *Forum Arbeitslehre*21 （2018）, p. 18.

发展之间的矛盾——学生自身兴趣、优势与职业发展要求不匹配所导致的个体发展与职业发展之间的矛盾。进一步而言，受知识水平和社会阅历的限制，如若不对学生进行个体发展与职业发展的引导，学生往往难以在新型职业不断涌现和职业发展愈发多元化的背景下对其职业进行选择和规划，更难以激发职业兴趣。

其二，受就业结构变化的影响，高新技术行业和高端服务业对人才的需求量不断增加，且数字化、网络化和智能化的劳动与生活方式对劳动者个体能力结构提出了前所未有的高要求，而学生的现有能力结构却难以满足劳动力市场对劳动者数字能力的需求。德国国家工程院（Deutsche Akademie der Technikwissenschaften，acatech）通过对德国企业和雇员进行调查，工业 4.0 背景下劳动者的能力可被划分为三种类型，分别为技术/数据导向型能力（Technologie-und datenorientierte Kompetenzen und Fähigkeiten）、流程/客户导向型能力（Prozess-und kundenorientierte Kompetenzen und Fähigkeiten）以及基础设施/组织导向型能力（Infrastruktur-und organisationsorientierte Kompetenzen und Fähigkeiten）。其中，技术/数据导向型能力包含与数字技术的开发、应用和管理相关的专业知识；流程/客户导向型能力主要涉及人际关系的组织与协调；基础设施/组织导向型能力则以基本的技术维护和软技能为主要内容（见表 1）。

表 1　德国工业 4.0 背景下劳动者能力结构

能力类型	公司竞争力	员工技能
技术/数据导向型能力	· 数据评价和分析 · 信息技术安全 · 云架构 · 人工智能 · 用户支持/服务技术	· 跨学科思维与行动力 · 掌握复杂工作内容的能力 · 与机器进行交流的能力 · 问题解决和优化的能力
流程/客户导向型能力	· 流程管理 · 客户关系管理 · IT 业务分析 · 电子商务/在线营销 · 提出建议	· 全面的工艺知识 · 创新能力 · 协调工作流程的能力 · 服务定向能力
基础设施/组织导向型能力	· 操作专业 IT 系统 · 网络数据库管理 · 制定 IT 架构 · 信息技术安全	· 领导能力 · 自我决策能力 · 社交/沟通技能

资料来源：Acatech（Hrsg.），*Kompetenzen für Industrie 4.0. Qualifizierungsbedarfe und Lösungsansätze* München：Herbert Utz Verlag，2016，p. 18。

工业4.0背景下劳动者能力框架的提出旨在提高生产效率。对企业而言，数据评价和分析（60.6%）、流程管理（53.7%）、客户关系管理（46.5%）、操作专业工厂系统（45.6%）、IT业务分析（44.1%）、信息技术安全（41.6%）将成为其核心竞争力。[①] 因此，为了不断开发和实施新的商业模式，提升生产效率，增加企业的核心竞争力，劳动者被要求习得一系列新且广泛的能力，如跨学科思维与行动力、创新能力等。其中，跨学科思维与行动力（61.1%）、全面的工业知识（56.2%）、领导能力（55.4%）、创新能力（54.2%）、问题解决和优化的能力（53.7%）、自我决策能力（50.0%）将成为劳动个体步入当今劳动力市场必备的关键劳动能力。[②] 虽然上述这些能力已经成为受教育者适应不断变化的行业结构和社会生活的必备技能，但传统的劳动教育在内容上并不包含这些内容，致使学生在劳动能力结构方面难以适应社会发展的要求。

二 德国学校劳动教育应对工业4.0的新举措

在德国工业4.0背景下，学校劳动教育在中学多以“经济—劳动—科技课程（Wirtschaft-Arbeit-Technik，WAT）+其他”的课程模式出现，即以传统经济—劳动—科技课程为基础，添加具有时代特征的相关课程，以帮助学生在掌握基本经济、劳动和科学技术原理的基础上，加深其对工业4.0时代社会生活、经济生活和科学技术发展的了解，并有能力参与相关劳动活动，[③] 具有初步职业定向的特征。一方面，经济、劳动与科技是德国学校劳动教育的传统内容，但随着科学技术与社会的发展，这些内容已不再能满足学生自身全面且和谐发展的需求以及社会对劳动者能力结构提出的要求，因此诸如就业与升学指导（Berufs-und Studienorientierung，BSO）和数字世界（Digitale Welt）等课程便作为附加内容逐步被添加到现有学校劳动课程之中，以应对劳动自身发展和工业4.0时代对

① Acatech（Hrsg.），*Kompetenzen für Industrie 4.0. Qualifizierungsbedarfe und Lösungsansätze*，München：Herbert Utz Verlag，2016，p. 19.

② Acatech（Hrsg.），*Kompetenzen für Industrie 4.0. Qualifizierungsbedarfe und Lösungsansätze*，München：Herbert Utz Verlag，2016，p. 19.

③ Senatsverwaltung für Bildung，Jugend und Familie，*Rahmenlehrplan 1-10 kompakt. Themen und Inhalte des Berliner Unterrichts im Überblick*，Berlin：Senatsverwaltung für Bildung，Jugend und Familie，2017，p. 86.

学校劳动教育的挑战。另一方面，传统经济—劳动—科技课程以其丰富和广泛的课程内容为特色，为德国学校步入劳动教育4.0时代奠定了一定的课程改革基础。

（一）在高中阶段推广就业与升学指导课程

由于就业信息传播和获取渠道的闭塞，大多数德国高中毕业生不仅难以意识到学校职业教育和职前培训的重要性，更对其职业发展缺乏了解与规划。德国不断增加的高等学校辍学人数恰恰就表明，许多高中毕业生所做出的升学或就业决定本身就存在一定的偏差，即其能力与兴趣并不足以支撑其完成所选专业的继续深造。为缓解这些问题，德国在高中阶段推广就业与升学指导课程，旨在帮助所有学生在思想上和能力上对其升学和就业做出准备——提升学生的职业选择能力，从而对个人职业和学习发展做出最为恰当的选择和规划。[①] 具体而言，德国就业与升学指导课程的核心目标包括以下几方面内容：深入了解自身的兴趣、优势和能力；掌握初步的劳动知识、职业发展趋势和社会发展的新需求；明确参与职业培训的渠道与方式；能够实事求是地对教育培训和职业发展做出评估。为实现这些目的，德国要求各中学不断加强与公司、大学、协会和工会的联系与合作，不仅要为学生提供丰富的实践机会，还要为学生提供关于人才需求和专业发展的第一手资料。

就业与升学指导课程围绕提升学生的自我认知（self-cognition）能力和职业认知能力两方面展开。其中，自我认知能力可分为自身优势与兴趣、个性特点和职业发展规划三个部分，意在使学生有能力处理职业选择中的常见问题，发现自身的兴趣爱好，接纳自己的个性，欣赏自己的优势，并在此基础上评估自己的职业与学业发展路径和规划，从而澄清个体的职业发展观、职业定位和自身的价值，明确继续学习的需求，制定个性化的职业生涯规划。职业认知能力包含以下三个方面：识别学术和职业培训的潜在机会，了解职业和劳动世界的结构，掌握与职业相关的专业知识，建立职业相关专业知识间的联系（见表2）。

---

① Freie und Hansestadt Hamburg Behörde für Schule und Berufsbildung, *Rahmenkonzept-Berufsorientierung in der gymnasialen Oberstufe*, Hamburg: Freie und Hansestadt Hamburg Behörde für Schule und Berufsbildung, 2017, p. 2.

表2 以能力为导向的就业与升学指导课程内容

学习主题	专业与个人能力要求
自我认知： ·优势与兴趣 ·个性特点 ·职业发展规划	·分析优势和兴趣 ·澄清个人技能、潜力、目标 ·进行职业决策并制定职业过渡规划 ·对自己的学习和工作过程负责，合理进行终身学习
职业认知： ·识别学术和职业培训的潜在机会 ·了解职业和劳动世界的结构 ·掌握与职业相关的专业知识	·发展专业和学习技能 ·实事求是地评估教育、收入和职业发展机会 ·实事求是地评价就业和升学对个体的要求 ·实事求是地评估就业和升学的潜力 ·分析学校课程或培训市场的现状 ·扩大择业范围 ·分析公司和大学的准入条件 ·实事求是地评估就业和升学的机会和潜力

资料来源：Freie und Hansestadt Hamburg Behörde für Schule und Berufsbildung, *Rahmenkonzept-Berufsorientierung in der gymnasialen Oberstufe*, Hamburg：Freie und Hansestadt Hamburg Behörde für Schule und Berufsbildung，2017，pp. 5-9。

以汉堡地区高中阶段的就业与升学指导课程为例，该课程由34个课时组成，其课程内容主要围绕自我认知和职业认知两部分展开，包含讲座（Seminar）、项目教学（Projektunterrichten）和职业概览（Profil）三种基本教学组织形式，各个教学组织形式所占课时数接近。教师需要综合运用多种教学手段和教学组织形式，如自我评价量表、职业和个人发展工作坊、公司实习、专家讨论、参与研究项目、进行职业匹配活动等，使学生始终处于职业选择的情境之中，将职业选择视为与其“利益相关”的人生重要抉择，并在“选择—反思—再选择”的过程中帮助学生形成较为全面的自我认知和职业认知。

（二）提出“面向数字世界”的课程与能力框架

科学技术驱动下的劳动者能力结构变革对德国各个时期学校劳动教育人才的培养规格均有影响。1969年，德国文教部长联席会（Kulturs minister konferenz，KMK）提出的《关于将劳动教育推广之主体中学的建议》（Ständige Konferenz der Kultusminister：Empfehlung zur Hauotschule，1969）就指出，由于传统的科学学习已经不能满足未来成人世界对劳动者的需求，因此劳动教育在教学内容和教学方法方面亟待更新，并将与信息技术社会密切联系的经济、技术、家政和职业等专题纳入学校劳动课程中。1987年，德国文教部长联席会再次发布了《关于初中劳动课程的说明》（Ständige Konferenz der Kultusminister：Material zum

Lernfeld Arbeitslehre im Sekundarbereich Ⅰ vom 8./9. Oktober)，再次强调了德国中小学劳动课程应随着社会和科技的发展进行“新的尝试”。

当前，工业4.0目标的提出又一次推动了德国学校劳动教育的改革——将培养具有工业4.0发展所需能力的人才作为课程目标，使学生在毕业后有能力了解、参与并建设数字化、网络化和智能化的社会劳动与生活，进而推动科技的发展与社会的进步。2016年德国文教部长联席会提出了“基于数字世界的教育”(Bildung in der digitalen Welt) 战略草案，该草案指出数字产品已经渗透于日常生活和工作的方方面面，面对数字社会的挑战，学校教育应确保学生具备在数字世界生活和工作的知识、能力和技能。① 在此基础上，又推出了面向“数字世界”的课程计划（Zusatzkurskurs Digitale Welten)，该课程由以往强调学科内容标准的投入型教育模式转向强调学科能力标准的产出型教育模式，以数字生活和工作为着眼点，聚焦学生当前发展以及未来社会发展所需的核心能力，通过向学生传授数字领域的技术和知识，培养学生实践操作技能，激发其探索数字世界的兴趣，使学生可以更为全面地理解其所处的数字时代及其发展历史，并有能力使用相关的数字工具解决生活和工作中出现的问题，以提高工作和生活的效率。

面向“数字世界”的课程计划以面向“数字世界”的劳动能力框架为核心，涉及专业能力（Fachwissen)、方法论能力（Fachmethoden)、沟通能力（Kommunikationskompetenz)、判断和决策能力（Entscheidung und-Bewertungskompetenz）四个方面，并以行动力（Handlungskompetenz）为各项能力的核心——基于数字知识与个人能力做出判断。② 该框架与工业4.0背景下的劳动者能力结构联系密切，可以互为对照（见表3)。其中，专业能力是指了解并恰当运用经济学、技术学等领域专业知识的能力，可以对应于劳动者能力结构中全面的工艺知识，如数字媒体（云存储技术、大数据统计与分析技术)、数字制造（3D打印、激光切割机等、智能机器人)、数字生活（智慧家居、智能手机、智能手表)、数字科研（卫星图像提取技术、机器学习技术)、项目管理（在线交流与合作、市场

---

① Sekretariat der Ständigen Konferenz der Kultusminister der Länder in der Bundesrepublik Deutschland. Strategie der Kultusministerkonferenz, “Bildung in der digitalen Welt,” Berlin: Sekretariat der Ständigen Konferenz der Kultusminister der Länder in der Bundesrepublik Deutschland, 2016, https://www.kmk.org/fileadmin/Dateien/pdf/PresseUndAktuelles/2016/Entwurf_KMK-Strategie_Bildung_in_der_digitalen_Welt.pdf.

② Senatsverwaltung für Bildung, Jugend und Familie, *Rahmenlehrplan 1-10 kompakt. Themen und Inhalte des Berliner Unterrichts im Überblick*, Berlin: Senatsverwaltung für Bildung, Jugend und Familie, 2017, p. 86.

分析、广告制作）。方法论能力是指有针对性地制定和运用数字方法对产品、服务和计划进行选择、规划和制造的步骤以及评价技巧的能力，可以对应于劳动者能力结构中跨学科思维与行动力、掌握复杂工作内容能力、问题解决和优化能力、创新能力，如使用数字工具的能力、在数字化的环境中进行反思性观察的能力、团队合作、项目管理等综合能力。沟通能力是指在数字化和专业背景下进行交流、互动、反思、评价、相互理解和应对各种冲突等方面的能力，旨在使学生基于理论和实践两个方面设置劳动计划、批判性地反思工作流程、令人信服地表达自身观点、合作学习与批判讨论，可以对应于劳动者能力结构中协调工作流程能力、社交/沟通技能、与机器进行交流能力、服务定向能力。判断和决策能力旨在培养学生从多个角度（历史、生态、经济等）对数字产品的使用进行反思，对具体的事件进行理性判断，并形成相应的价值观，从而能够利用劳动的、经济的和科学的思维方法对经济、技术和社会性决策进行理解与评估，可以对应于劳动者能力结构中领导能力与自我决策能力。①

表3　劳动者能力结构与学校劳动教育能力框架对照

劳动者能力结构	学校劳动教育能力框架		
全面的工艺知识	行动力	专业能力	了解并恰当运用经济学、技术学等领域专业知识的能力
跨学科思维与行动力 掌握复杂工作内容能力 问题解决和优化能力 创新能力	行动力	方法论能力	有针对性地制定和运用数字方法对产品、服务和计划进行选择、规划和制造的步骤以及评价技巧的能力
协调工作流程能力 社交/沟通技能 与机器进行交流能力 服务定向能力	行动力	沟通能力	在数字化和专业背景下进行交流、互动、反思、评价、相互理解和应对各种冲突等方面的能力
领导能力 自我决策能力	行动力	判断和决策能力	利用劳动的、经济的和科学的思维方法对经济、技术和社会性决策进行理解与评估的能力

资料来源：Senatsverwaltung für Bildung，Jugend und Familie Berlin. Entwurfsfassung-Curriculare Vorgaben für die gymnasiale Oberstufe：Zusatzkurskurs DigitaleWelten. Berlin：Senatsverwaltung für Bildung，Jugend und Familie Berlin. https：//www. berlin. de/sen/… /dw _ curriculum _ gesamt _ 2018 － 1 － als-entwurf. pdf. ；acatech（Hrsg.），Kompetenzen für Industrie 4. 0. Qualifizierungsbedarfe und Lösungsansätze（München：Herbert Utz Verlag 2016），p. 18.

① Senatsverwaltung für Bildung，Jugend und Familie Berlin. Entwurfsfassung-Curriculare Vorgaben für die gymnasiale Oberstufe：Zusatzkurskurs Digitale Welten. Berlin：Senatsverwaltung für Bildung，Jugend und Familie Berlin. https：//www. berlin. de/sen/… /dw_curriculum_gesamt_2018－1－als-entwurf. pdf.

（三）创新运用项目教学法

德国学校劳动教学以“项目”（Projekt）为牵引，以“行动力”（Handlungscompetenze）为指向，以“反思”（Reflexion）为核心。德国项目教学法的实施过程一般可以分为6个阶段，分别为：（1）专题/专业知识学习；（2）项目准备，包括组建学生团队、选择并制定项目实施方案；（3）首次项目实施；（4）项目反思；（5）再次项目实施；（6）项目反思与评估。其中，在专题/专业知识学习阶段，学生将在教师的带领下就某一项目涉及的专业知识进行学习，了解特定知识的应用范围，分析已有的应用经验。在项目准备阶段，学生可以自由组合，并在指导教师的支持下，运用所学知识与小组成员共同设计并制定一个较为复杂的由多个小步骤组成的项目实施方案。在首次项目实施阶段，由学生按照项目实施方案，独立解决项目实施过程中遇到的各种问题并完成项目。在项目反思阶段，学生需要相互讲述第一次项目实施过程中的观察、感受与疑问，并对其项目实施的有效性进行评估，旨在将学习与反思融于一体。在再次项目实施阶段，学生需要在反思的基础上对项目实施方案进行修改与调整，以从经验中吸取教训，寻找改进的动力，并再次实施项目。在反思与评估阶段，为了进一步提升学生的反思能力，学生可以在第二次项目实施的基础上，集中讨论并调整项目实施的环节，指出项目实施过程中的优缺点，并与第一次项目实施过程进行比较，从而可以较为全面地分析与理解项目实施过程。螺旋式递进的项目学习过程能够最大限度地提升学生的反思意识并促进行动能力的养成。在“项目教学”的过程中，学生所扮演的角色不再只是学生，而是观察者、反思者和评价者，从而在多个角色转换的过程中，对项目的实施过程进行深入的反思。

（四）构建课堂—工作坊—基地三级劳动教育体系

德国劳动教育的实践场所不仅局限于学校的课堂之中，还延伸至校内工作坊（Schulische Werkstätten）和校外学习基地（Außerschulischer Lernort），且不同的教育场所承担着不同的教育内容与功能。在课堂之中，学生可以全面且细致地了解与各类劳动的相关知识与技术，从而为学生参与真实的社会劳动活动奠定理论基础。学校工作坊为学生提供了丰富的模拟真实劳动实践活动的机会。为使学生了解并融入工业 4.0 时代，德国校内工作坊正积极进行数字化改革。借助成套的工业级数字化生产设备，如激光切割机、激光雕刻机、投影机、高性能笔记本电脑、乐高头脑风暴机器人、工业吸尘器、压缩机等，学生能够在校园内就能亲身参与高水平的数字化生产，在掌握数字工艺的基础上，产生对数字科技的兴趣；与此同时，在自主运营校内工作坊的过程中，学生可以获得“真实”的职业体验，从而提升交流能力、合作能力、策划能力等，并对自己的职业规划形成清晰的认识，以为其职业选择做准备。此外，与学校合作的校外学习基地也是德国劳动教育不可或缺的一部分，定期的社会实践实习、企业实习和手工工厂实习将学校劳动学习和真实的劳动环境联系起来，帮助学生从学校学习有计划地过渡至社会生产劳动之中。

从劳动课堂教学，到校内工作坊，再到校外学习基地，三级劳动教育实践体系层层递进地为中小学生提供了全面体验、了解、反思各行各业劳动特点的渠道，以及发掘劳动兴趣、树立劳动观念、学习劳动知识和锻炼劳动能力的机会，为其做出恰当的职业选择奠定了良好的实践基础。

三　德国学校劳动课程改革对我国的启示

为应对工业 4.0 对劳动力市场带来的冲击，德国学校劳动教育在多个方面做出了积极的尝试，如在高中阶段推广就业与升学指导课程，以帮助学生在不断变化的职业世界中进行职业定向；提出“面向数字世界”的课程与能力框架，使学生具备数字社会所需的必要能力；创新运用项目教学法，提高学生的行动力和反思能力；扩大校内外劳动教育实践基地，为学生提供各类实践场所。

（一）全面落实高中阶段升学与就业指导课程

当前，在《中国制造 2025》战略和新高考背景下，高中毕业生拥有越来越大的职业选择空间，我国也试图将与德国职业与升学指导相类似的职业生涯规划课程提前至中学阶段，从而推动中小学劳动教育与高等教育和职业教育相衔接，实现学校教育与职业教育的融通，学校教育与社会生活的结合，个人兴趣与职业发展的连接。但在实践中，就如何将职业生涯规划等类课程纳入中等教育课程体系中仍存在许多问题。多数学校的生涯教育目前仍停留在指导性文件之中，“形式化的制度”与成为被普通高中教师、学生、家长理解、接受并自觉践行的“实质化制度”之间仍有较大距离。在新型职业不断涌现，劳动市场急剧变化的背景下，应借鉴德国升学与就业指导课程开设的经验，将升学与就业指导类课程于高中阶段全面落实，形成以能力为导向的课程内涵，重在提升学生的自我认知和职业认知能力，激发学生的职业兴趣，树立积极的职业观，帮助学生建立学科学习与职业选择之间联系，使学生有能力应对职业选择和发展中遇到的种种问题。

（二）构建面向《中国制造2025》的数字能力框架

随着信息技术与数字教育的高速发展，原有劳动形态不断变化，而新的劳动形态也在随时生成，传统劳动教育涉及的劳动、经济、技术、职业等课程内容也面临新的挑战与机遇。新时期各国都制定了新一轮信息技术、数字教育发展的行动纲领，旨在全面应对劳动力市场对于未来职业的新要求。随着《中国制造2025》行动纲领的提出，网络技术、人工智能技术、新一代信息产业制造、生物技术等高新技术势必会全面影响社会生产与日常生活，因此劳动教育人才培养也需要回应数字化智能时代的新要求，为信息时代的职业劳动培养具有数字能力的劳动者。针对我国新时期社会生产生活的新方式，应积极拓展劳动课程内容，将人工智能技术、5G网络技术、智能化数字生产、大数据统计与分析、互联网交际等内容纳入课程之中，关注学生数字能力的养成。

（三）全面推广项目教学法

项目教学法是德国劳动教育实践中最具特色之处。但在我国，项目教学法的课堂实践仍处于起步阶段。借鉴德国劳动教育的实践经验，我国学校劳动教育可以进一步拓展课程实施模式，以“项目教学”为主线，将各类“项目”融入教学过程之中，诸如服装、家具、文具等物品的设计、制造、销售与改进等。在整个项目的实施过程中，充分发挥学生作为项目实施主体的能动性，增进学生的反思意识；使学生基于项目构建学科理论体系，整合各学科中的相关知识；通过项目发展各项能力，即使其专业能力、方法论能力、沟通能力以及判断与决策能力在项目实施过程中得到全面发展。

（四）完善三级劳动教育实施体系

一方面，劳动教育先天具有极其鲜明的实践特色，但在学校教学过程中，其实践性特征极易被忽视或被理论学习所挤占；另一方面，劳动教育离不开科学理论的支持，只有基于理论的劳动实践才具有科学性以及反思性。借鉴德国的经验，传统课堂学习有助于学生掌握基本的劳动理论，是一切劳动实践的基础。校内工作坊旨在模拟商品设计、制造与销售的全过程，有助于培养学生的劳动兴趣，建立理论学习与劳动实践之间的桥梁，为学生提供将课堂所学的理论知识运用于劳动实践之中的机会，最终形成科学的行动能力；校外实践基地可以使学生亲身体验不同职业的劳动特点，积累实际工作经验，有效延伸并反思课堂与校内工作坊中的学习内容，深化行动能力。建立课堂学习、学校工作坊与校外实践基地三者间的有机联系，可以进一步推动劳动理论与劳动实践的结合，从而实现知行合一。

（编辑：胡玉玲）

New Measures of Labor Curriculum Reform in German Schools in the Context of Industry 4.0

Ren Ping, He Yang

Abstract: Science and technology not only change people's way of life, but also have a very profound impact on education, especially the labor education, which is most closely related to the society. In the era of Industry 4.0 with digitalization as its core feature, the scale of employment, employment structure and employment patterns of laborers have undergone tremendous changes along with changes in production technology. With the emergence of new occupations and the lack of high-end talents, German school labor education was once in a predicament. For solving this problem, Germany has adopted a series of reform measures: the full implementation of high school entrance and employment guidance course, the "digital-oriented" curriculum and ability framework, innovative use of project teaching methods, the construction of classroom-workshop-labor base three-level labor education system. Learning from the experience of German school labor curriculum reform is helpful to promote the construction process and quality improvement of labor curriculum in China.

Keywords: Industry 4.0; Germany; School Labor Education; Curriculum Reform

论构建新时代劳动观教育的五个维度*

何福君　刘　洪

【摘　　要】 学校劳动教育应深刻把握新时代中国经济社会高质量发展对人才需求的新导向，努力构建适应经济社会发展的劳动观教育体系。以“创新、协调、绿色、开放、共享”五大理念为核心的新发展观是构建现代化经济体系的理论指南。五大新发展理念作为经济发展的新的思维范式，对新时代劳动观教育体系的内容架构具有重要参考价值。学校劳动观教育应基于新发展理念，以习近平新时代中国特色社会主义思想为思想指引，以马克思主义劳动观为理论内核，构建具有时代特征的、理论和实践相统一的劳动观教育体系。据此，构建新时代劳动观教育体系可以基于自主、平等、创新、竞争、协作五个维度，这“五个维度”之间相互影响，相互作用。

【关 键 词】 劳动观教育；新时代；人才培养

【作者简介】 何福君，重庆师范大学马克思主义学院硕士研究生；刘洪，重庆师范大学马克思主义学院讲师。

恩格斯在《自然辩证法》一书中指出，每一个时代的理论思维，包括我们这个时代的理论思维，都是一种历史的产物，他在不同的时代具有完全不同的形

* 本文系重庆市教委人文社科项目“中华优秀传统文化融入大学生思想政治教育研究”（项目编号：19SKSZ018）、重庆市研究生科研创新项目资助（项目编号：CYS20237）、重庆市教委人文社科项目思政专项“新时代大学生思想政治教育协同育人研究”（项目编号：18SKSZ010）的阶段性研究成果。

式，同时具有完全不同的内容。新时代的劳动观教育理念同样应当与时俱进，充分吸收经济、政治等新时代思想理论体系的优秀成果。2015 年十八届五中全会首次提出的“创新、协调、绿色、开放、共享”是我国长期发展的总体理念，是构建现代化经济体系的理论指南，对各领域发展均具有指导意义。在开放型文化交流背景下，由于受到西方新自由主义、拜金主义、享乐主义等社会思潮的不良影响，当前我国一些青年学生的劳动观正逐渐偏离正确的马克思主义劳动观轨道。劳动观教育是对劳动者在认识劳动的价值、目的、意义等观念层面的教育，它从属于思想政治教育这个大课堂，其根本任务是“立德树人”。为进一步巩固我国当前经济、政治领域取得的巨大成就，加强马克思主义在我国意识形态领域的指导地位，劳动观教育需要加强。

习近平总书记在 2020 年 11 月召开的全国劳动模范和先进工作者表彰大会上指出：“新形势下，我国工人阶级和广大劳动群众要继续学先进赶先进，自觉践行社会主义核心价值观，用劳动模范的崇高精神和高尚品格鞭策自己，焕发劳动热情，厚植工匠文化，恪守职业道德，将辛勤劳动、诚实劳动、创造性劳动作为自觉行为。”“要深刻认识团结就是力量、团结才能前进的道理，发扬团结协作、互助友爱的精神……”① 其中，习近平总书记从“学先进赶先进”、“践行社会主义核心价值观”、自觉“焕发劳动热情”、进行“创造性劳动”和“发扬团结协作”精神五个方面对新时代的劳动者提出了要求。学校思政课堂作为培育中国特色社会主义建设者和接班人的主要阵地，理应因时而进，因势而新，因理而行，为新时代劳动观教育建构多样化内容。基于新发展理念和习近平总书记关于劳动观等方面的重要表述，本文提出新时代劳动观教育应构建的五个维度。

一　自主劳动观维度

“自主”是政治学、哲学、伦理学等多个学科领域都涉及的一个论题，其在不同的论域有不同的内涵和意义。它最早出现在与婚姻事务有关的场域中，意味着当事人对自己婚配问题的自主决定权，表达了个人追求幸福的独立意识，在 19 世纪 90 年代晚清民族主义兴起时衍生为与国家主权有关的词语。由于中国传

① 《在全国劳动模范和先进工作者表彰大会上的讲话》，人民出版社，2020，第 5、7 页。

统文化中“家国同构”的特点，“自主”一词成为家国关系网络建构的精神枢纽，“既与个人婚姻自主权利相关，又与国家为民族独立行使主权相关”。[①] 就“自主”的劳动向度而言，马克思通常将其与“自由”“幸福”等词联系在一起使用，并强调“自由是人最根本的需要，它不是脱离劳动之外，而是内在于自主活动本身”[②]。这里的“自主活动”即自主劳动，自主劳动的最终目的不是劳动本身，它是人为追求自由、幸福生活所使用的重要手段，如果没有实现劳动的自主，就谈不上我们对自由、幸福愿望的满足。人只有在自主占有劳动生产资料，自主选择劳动方式，自主进行劳动成果分配的劳动过程中，才能真切体验到自身存在的主体性价值，自由和幸福作为人的根本需要和目标追求才具有现实的立足点。

构建新时代自主劳动观，有利于培养学生主动参与劳动实践的劳动意识，养成良好的劳动习惯和品质，能够自觉自愿、认真负责地参与劳动，形成诚实劳动、辛勤劳动的品质。基于马克思的主体性哲学变革思想和幸福论对劳动范畴的价值功能定位，新时代劳动观之自主劳动观教育应包括以下两点内容。

第一，引导学生全面理解自主劳动观的本质内涵。对自主劳动观本质内涵的把握不仅是一个理论问题，更是一个现实问题。构建自主劳动观的最大意义在于重构“异化劳动”下劳动者的主体地位，唤醒新时代劳动者的主体意识，匡正部分劳动者扭曲的劳动价值观念。首先，帮助学生理解自主劳动观的政治属性。“个人出于满足自身欲望以劳动为手段作用于自然界，就形成了财产权。”[③] 亚里士多德也曾指出人是政治的动物。不论是劳动者在国家政治体制或法律条文中享有的劳动权利与义务，还是劳动者在劳动力市场中享有的劳动力出卖自由，从外在规定上讲，都受到国家政治法律制度的硬约束，自主不等于绝对的自由。其次，帮助学生理解自主劳动观的经济属性。自主劳动观的经济属性主要表现为，劳动者只有把劳动力看作一种基本的生产要素自主地投入整个资本循环的社会大生产中，建立在劳动力这一生产要素之上的人们之间相互认可的权利关系、行为关系或利益分配关系才会有真正公平正义的现实可能性。“以劳动力产权明确为特征的自主劳动是市场经济的历史前提和内在要求”，[④] 当劳动者排他性地占有

① 丛小平：《从“自由”到“自主”：20世纪中国革命实践与新词语》，《开放时代》2020年第5期。

② 万庆：《马克思幸福思想研究》，中共中央党校博士学位论文，2013，第75页。

③ 洛克：《政府论（下篇）》，叶启芳、翟菊农译，商务印书馆，1964，第23页。

④ 李义平：《自主劳动对市场经济发生或未能发生的一种解释》，《学术研究》2004年第10期。

买卖自身劳动力的权利自由时，个体才能摆脱资本依附式的劳动形式而获得劳动力产权，实现人格自由。最后，在文化范式领域，自主劳动观是社会主义核心价值观“自强”观在劳动领域的话语范式转换。以社会主义核心价值观为内核的社会主义文化“自强”必须以自主劳动观为思想根基。

第二，强化学生对自主劳动价值功能的认同感。学生厘清自主劳动的价值意蕴是构建自主劳动观的内在驱动力。何谓自主劳动观？自主劳动观是劳动者对自主性劳动与社会政治、经济、文化间价值关系的认识与看法，从整体上反映了主体对自主性劳动与社会整体发展之间价值关系的劳动评价。其一，自主劳动具有肯定性建构功能。马克思认为，“自由人的联合体”的实现必须以劳动实践为前提。自主劳动为自由、幸福提供生存性的发展空间，自由是幸福的本质，而幸福来源于“自我认同”，劳动作为一种感性活动能够使个体在对象化的活动中确证自我，升华自我。相反，一旦主体丧失了自我表达的愿望和能力，与之相伴随的将是身体物质性的笨拙和凝滞，主体就只是自在层面的存在。其二，自主劳动精神具有创造性生成功能。不论是物质财富的扩大再生产还是精神产品的多样性发展，都是主体基于发展着的劳动实践而产生的新的更高层次需要，人成为历史发展着的人。另外，社会有机体的健康发展也必须要以每个人的创新性劳动成果作为新鲜“血液”去生长社会“骨骼”。其三，自主劳动观具有辨识性区分功能。受资本逻辑的支配，人在金钱至上的“享乐主义”“个人主义”等不良社会思潮中消解掉了自身认识事物的自主性和批判性，非马克思主义劳动观伺机霸占人的意识形态领域，错误的劳动观成为阻碍人求得自由解放的精神桎梏。综上，在自主劳动观价值功能的性质区分下，强化马克思主义劳动观教育势在必行。

二 平等劳动观维度

平等的劳动观念是历史的产物，它的产生需要一定的历史条件，而这种历史条件本身又以长期的物质劳动生产实践的历史为前提。恩格斯在《反杜林论》一文中提出平等观念“在差不多所有国家的社会主义运动中仍然起着巨大的鼓动作用”。[1] 资产阶级消灭封建特权的平等要求促使封建社会向资产阶级社会转

① 恩格斯：《反杜林论》，人民出版社，2018，第108页。

变，无产阶级消除主人与奴隶、剥削与被剥削的平等要求促使资产阶级社会向社会主义社会过渡以便最终进入共产主义社会。可以说，封建社会到资产阶级社会再到社会主义社会的历史不仅是一段阶级斗争的历史，更是一部以人民群众为主体的消灭劳动压迫，争取劳动平等的自由抗争史。马克思在《资本论》中指出："资本是天生的平等派，就是说，它要求在一切生产领域内剥削劳动的条件是平等的，把这当作自己的天赋人权。"① 这一论断深刻揭示出资产阶级为维护自身利益竭力掩盖无产阶级和资产阶级在政治地位和生产资料占有的不平等事实。因此，这就要求高校意识形态工作者将马克思主义劳动观之平等劳动观作为"批判的武器"去武装学生的头脑，使学生透过迷雾看破资产阶级社会里所谓的"平等劳动"的虚假性，建立具有科学性、真实性的马克思主义劳动观。

平等劳动观的维度是新时代构建劳动观的重要维度，体现为平等劳动观教育的主导内容要以马克思主义劳动观为理论指南，确切掌握马克思将劳动划分为体力劳动和脑力劳动的价值旨归，正确认识不同岗位的社会分工差异和社会分配制度的平等含义。

第一，进行正确的劳动分工观教育。分工是一个历史范畴，会随着国家、阶级的消亡而消亡。应当澄清的是，在社会主义初级阶段，分工的目的是提高劳动生产率，而不是将具体劳动任务分配给不同的劳动者。"一切有益于人民和社会的劳动，不论是体力还是脑力劳动，简单劳动还是复杂劳动，都是平等的、光荣的。"② 列宁就曾在《青年团的任务》一文中指出，青年每天都能实际完成共同劳动中的哪怕是最微小、最平常的任务都能锻炼他们的劳动本领。而在共产主义社会，将不存在劳动岗位的分工差异，劳动者是自由人的联合体，就如马克思在《德意志意识形态》中所描述的一样，"我有可能随我自己的心愿今天干这事，明天干那事，上午打猎，下午捕鱼，傍晚从事畜牧，晚饭后从事批判"③。诚然，由于客观历史条件的限制，我们在社会主义初级阶段还不能实现此种美好图景。现阶段，由于劳动教育体系的滞后性，加上承接国际产业的文化"后遗症"——知识劳动创造的经济价值大于体力劳动创造的经济价值，青年中出现

① 《资本论》第1卷，人民出版社，1975，第436页。

② 陈富清：《一部及时、贴近、生动、感人的好教材，读〈广播影视社会主义荣辱观教育读本〉》，《中国广播电视学刊》2006年第6期。

③ 《马克思恩格斯选集》第1卷，人民出版社，1972，第38页。

了盲目追求从事“体面”劳动——“当网络主播”“做流量明星”，而不愿从事体力劳动的社会现象，这与马克思主义劳动观相违背。因此，学校的劳动观教育应引导学生树立正确的劳动分工观，让“劳动最光荣、劳动最崇高、劳动最伟大、劳动最美丽”[①] 的观念在全社会蔚然成风。

第二，进行社会主义劳动分配制度教育。从哲学的范式逻辑解构“劳动”一词为：主体、客体和意义的内涵集成体，是为满足人类发展需要而进行的改变自然物的形态或性质的活动。借鉴辩证唯物主义的哲学观点，劳动内容在性质上无高低优劣之分，只有外在形式的分配数量差异。那么，通过分配到的物质生产资料的数量（工资）去否定劳动内容的价值属性则是对内容与形式辩证关系的亵渎，是形而上的。因此，思政课教师需向学生讲述清楚的是，马克思从资产阶级现实社会中存在的不平等劳动关系出发，将劳动分为体力劳动与脑力劳动，此种划分的理论指向是为论证资本主义必然灭亡，社会主义必然胜利的科学社会主义理论。列宁在俄共（布）莫斯科市代表会议上做的《关于星期六义务劳动》的报告中指出：“‘共产主义的东西’只是在出现星期六义务劳动时，即出现才开始产生个人为社会进行的大规模的、无报酬的、没有任何权力机关和任何国家规定定额的劳动时”。[②] 因此，在社会主义初级阶段“普遍劳动的王国而归结为同等的工资”[③] 是超越时空限制追求绝对平均的空想主义思想，与劳动发展的历史规律相违背。个体先天差异和后天成长环境导致的不同劳动分工将会在未来一段时间内长期存在，劳动者以不同的劳动角色参与社会劳动，会获得差异劳动报酬，形成一定的收入分配差距。毫无疑问，无产阶级的平等要求不是追求结果的平等，它的实际内容是要消灭阶级的差异和社会的贫富差距。脑力劳动和体力劳动的二元对立也只是暂时的、相对的，我们绝不能以社会财富分配的多寡去衡量劳动的尊卑。

三　创新劳动观维度

与其他劳动观不同的是，创新劳动观在劳动过程中能够调动其他思维从而产

---

① 《习近平谈治国理政》，外文出版社，2014，第 46 页。

② 《列宁全集》第 38 卷，人民出版社，1986，第 38 页。

③ 《马克思恩格斯全集》第 3 卷，人民出版社，1960，第 236 页。

生新颖的、独到的、更有积极意义的社会劳动成果。创新劳动观是构建新时代劳动观的重要维度，创新劳动观之所以重要，是因为创新是全社会经济高质量发展的强大引擎，在推进国家治理水平和治理能力现代化的思想理论体系中起重要作用。国家治理体系现代化和国家治理能力现代化是国家治理现代化的两个重要组成部分，虽然创新劳动观教育针对的是对学生劳动思想观念层面的教育，但实际上培育的却是实践主体的劳动创造力。创新思维和创造能力都是高技能劳动人才必不可少的劳动技能。创新性劳动思维直接作用于创新性劳动能力，所以引导学生树立起创新劳动观是构建新时代劳动观教育的重要维度。

首先，引导学生认识新时代下劳动形式发生的新变化。所谓创新性劳动是指能够创造不同使用价值的劳动。创新性劳动与重复性劳动不同，重复性劳动的价值呈边际递减趋势，而创新性劳动呈边际递增规律。刘易斯拐点后，第二产业TFP（全要素生产率）对产业结构转型升级的贡献率下降，服务性劳动将在劳动实践中逐渐占据主导地位。① 可见，学校的生产劳动教育有必要结合产业结构转型升级和现代化经济体系建设的新要求，向学生讲清楚劳动的传统形态与新形态的辩证关系。一方面，要加强引导学生体会劳动人民的辛勤与智慧，继承优秀的传统劳动文化精神；另一方面，也要注重加强引导学生积极参与到使用新知识、新技术、新方法的劳动中去，让学生在工农生产过程中直接经历从简单劳动、原始劳动到复杂劳动、创造性劳动的发展过程，学会运用现代化信息技术工具，增强创造性劳动带来的产品增值效应意识，从而更好地让学生认识新形势下的劳动新形态。当前，产学研一体化视域下，第三产业的快速发展催生着学校劳动观教育的现代性转换。面对经济新形态、产业新业态的时代背景，学生如何正确认识劳动新形态以及如何掌握劳动新技能是目前学校劳动观教育必须关注的现实大课题。因此，把创新劳动观教育作为思想政治教育、劳动教育和职业教育的新内容，加强学生对创新性劳动的知识教育，是新时代我国经济进入新常态后对劳动观教育的必然要求。

其次，开展树立创新劳动观的实践锻炼活动。培育创新劳动观，要关注时代变化，回归理论现实。目前，现代化经济体系对大中小学劳动人才的供给需求已转化为产业结构转型升级对高校育人体系复合型人才供给的需求上。承前所

---

① 都阳：《劳动力市场变化与经济增长新源泉》，《开放导报》2014年第3期。

述，构建新时代劳动观的实践追求则必须在理论创新和实践创新的双重基础上解决“结构性失业”的现实困境。习近平总书记指出：“广大青年要敢于做先锋，而不做过客、当看客，要让创新成为青春远航的动力，让创业成为青春搏击的力量。”① 引导青年学生拥抱新时代，认识新劳动，树立新思想，要以润物细无声的教育方式帮助学生树立创新劳动观。其一，“课程思政”与“思政课程”有机融合的良好育人价值启示我们大中小各学段不仅要在劳动技术课程中，也要在劳动技术课程外加强创新劳动理论的学理性讲解。其二，各级各类学校还要积极营造创新性的劳动文化氛围，尽量多组织学生广泛参与各种创新创业的校园比赛活动，利用“融媒体”网络平台的独特优势加强对学生的创新劳动观教育。例如邀请学生参与支付宝软件中蚂蚁森林、淘宝芭芭农场的植树劳动。其三，在现有劳动观的教育体系下，创新劳动观的教育不仅要加强校内理论课堂的知识性教育，也要加强校外实践课堂的教育。例如，学校可以将校园公共卫生区的劳动服务项目经由物业公司转接承包给正在创新创业的校内学生，强化校企合作，发挥校企育人合力。

四　竞争劳动观维度

竞争不仅是自然界演进的基本动力，也是人类社会进步的催化剂。现代汉语词典将“竞争”解释为：个体或群体间力图胜过或压倒对方的心理需要和行为活动。无论是自在世界还是人类世界，发展演进的客观规律都是物竞天择，适者生存。从古至今，竞争始终是一种极为重要的发展机制，社会形态更替的一个重要动因就是：“种与种争，及其成群成国，则群与群争，国与国争。”② 种与种竞争产生的是原始社会和封建社会，群与群竞争产生的是资本主义社会和社会主义社会。随着社会主义国家新兴力量的强大崛起，西方资本主义与社会主义国家间充满了竞争。当今世界的竞争是国与国之间的竞争，是生产力发展状况之间的竞争，是科学技术水平之间的竞争。科学技术作为生产力的智性要素，“是人类劳

① 《习近平在知识分子、劳动模范、青年代表座谈会上的讲话》，《人民日报》2016 年 4 月 30 日，第 2 版。

② 景天魁、杨玲、天演：《论严复对现代性的解读》，《福建论坛》（人文社会科学版）2016 第 5 期。

动的产物……是物化的知识力量”[①]。竞争作为一种社会性刺激，会对个体产生一系列心理需要和行为活动，能唤起人的内在动机，提高学习能力。

构建新时代劳动观的重要维度之一是竞争劳动观，劳动观的教育要以竞争性的人才为培育目的。人才是一个历史性范畴，“上品无寒门，下品无士族”的从官者在察举制度下被定义为人才，“两耳不闻窗外事，一心只读圣贤书”的读书者在科举制度下被定义为人才，在现代化的大公司大企业中，人才指具有一定的专业知识，能够胜任岗位能力要求，进行创造性劳动的人，包括“经营人才、管理人才、技术人才和技能人才”。[②] 一般来说，即使在最平凡的岗位上，拥有竞争观念的劳动者相对而言更容易在劳动过程中丰富扩大自己的精神世界，提升拓展自身的劳动技能。这正如列宁所说：“竞争在相当广阔范围内培植进取心、毅力和大胆首创精神。”[③] 休谟也曾说过：“高尚的竞争是一切卓越才能的源泉。”按照竞争的内容不同，竞争可分为同质化竞争和差异化竞争两种形式。学校作为劳动人才输出的供给方需要在激发学生的竞争意识方面下大功夫。例如，多开展劳动技能比赛活动，并设立奖励机制以调动学生的竞争积极性；可以在校内的学生群体中选取优秀学生作为大家学习的典范。另外，竞争性劳动观教育还要注重通过大型劳动技能比赛活动让学生在校内校外的劳动技能比赛活动中体验差距，激发本校学生与外校学生的差异化竞争意识，提高差异化竞争能力。这就要求学校不仅要在劳动技能课程中传授与劳动相关的理论知识，更要在课外的活动实践中培养学生的劳动竞争观念，抑制好逸恶劳、注重享乐的不良风气，锤炼善于竞争、敢于竞争的高素质技能型劳动人才队伍。

五　协作劳动观维度

自然经济条件下，自给自足的“男耕女织”生活满足了当时生产力发展水平的需要；封建社会中，小农经济仍然占主导地位，但此时的个体劳动从单个家庭的生活需要转为社会需要；后来到了资本主义社会，由于西方资本主义国家率

① 《马克思恩格斯全集》第46卷（下），人民出版社，1980，第219页。

② 朱富强：《企业能力、职位租与高管高薪——现代市场经济中的收入分配机制》，《财经研究》2020年第3期。

③ 《列宁论劳动》，工人出版社，1956，第308页。

先进行了工业革命，得以建立起的雇佣劳动关系将社会集体劳动的工具性价值发挥到了极致，正如马克思在《共产党宣言》中总结道：“资产阶级在它的不到一百年的阶级统治中所创造的生产力，比过去一切世代创造的全部生产力还要多，还要大。”① 通过对劳动组织形式的历史回顾，我们可以得出一个结论：“无论是通过劳动生产自己的生命，还是通过生育而生产他人的生命，就立即表现为双重关系；一方面是自然关系，另一方面是社会关系。”② 从根本上说，个人劳动从属于社会劳动，受社会劳动需求的支配。因此，必须培养学生的协作劳动观。

构建新时代劳动观的重要维度之一是协作劳动观维度，即劳动观教育要坚持个人劳动从属于社会劳动的基本原则，劳动人民群众共同创造社会历史的马克思主义劳动观，旗帜鲜明地反对个人英雄主义的错误思潮。因此，高校思政课教师在培养学生协作劳动观时可从以下两个方面考虑。

个人英雄主义与历史唯物主义的比较教育。新形势下，面对社会思想观念和价值取向日趋多元化、社会思潮纷纭激荡的新变化，对学生进行马克思主义劳动观的教育势在必行。美国《超人》《海王》等系列电影以个人英雄主义的价值取向迎合了广大青少年内心的胜负欲，即在困难面前单靠一个人的超能力就可以实现最大限度的群众利益。然而，超人克拉克、海王亚瑟是永远不会出现在人类现实生活中的，他们只是虚构的电影角色，满足短暂的精神寄托，过分强调主观能力，脱离了现实客观世界的实际。极度膨胀的个人英雄主义对我国大量社会青年产生了不良影响。从辩证唯物主义出发，社会历史从根本上说是生产劳动的历史，真正历史的推动者是团结协作劳动着的人民群众。英雄人物只是历史规律的发现者和历史任务的提出者，脱离了人民群众的支持，就什么也不是。单个人的劳动与社会协作劳动是相统一的，社会分工劳动离开了个人劳动，社会的物质、精神财富将无从谈起。因此，构建新时代劳动观之协作劳动观是辩证唯物主义和历史唯物主义哲学思想在劳动领域的文化表达。

对人类命运共同体内涵的教育。“共同体是一个社会历史性概念，是在劳动基础上人与人之间关系的总和。”③ 人类命运共同体作为人类对美好生活的价值

① 《马克思恩格斯选集》第1卷，人民出版社，2012，第405页。

② 邹诗鹏：《马克思社会思想的三重内涵》，《南京大学学报》（哲学·人文科学·社会科学版）2020年第1期。

③ 吴荣、高惠珠：《人类命运共同体对资本主义共同体的超越》，《财经问题研究》2019年第6期。

导向和实践追求，离不开人与人之间的协作劳动，“众人拾柴火焰高”的俗语验证了个体劳动者联合起来的强大力量。以马克思主义劳动观为指导思想的“人类命运共同体”范畴区别于资本主义逻辑范式下的共同体。马克思从单个的现实的个人出发，指出“人的本质不是单个人所固有的抽象物，在其现实性上，它是一切社会关系的总和”。[①]“人的本质是人的真正的共同体”。[②]“一个种的全部特性、种的类特性就在于生命活动的性质，而人的类特性恰恰就是自由的自觉的活动。”[③]以劳动为共同体与人的本质的确证方式，马克思认为共同体与人的本质都是社会关系的总和，这种社会关系来源于人与人之间的劳动。劳动是实践主体的感性活动，在“劳动中，劳动使人脱离了孤立的个体性存在，而走向了类存在，成为社会存在物”。另外，马克思在他的中学毕业论文《青年在选择职业时的考虑》一文中提到：“如果一个人只为自己劳动，他也许能够成为著名的学者、伟大的哲人、卓越的诗人，然而他永远不能成为完美的、真正伟大的人物。”[④]可见，构建协作劳动观是构建新时代劳动观的重要维度。

六 结语

马克思和恩格斯根据辩证唯物主义和历史唯物主义原理，指出教育与生产劳动相结合是现代社会和现代教育发展的普遍规律，马克思主义劳动观相较于其他劳动观的比较优势就在于它总是以辩证思维看待各个劳动要素之间的关系，更为突出的特征是具有鲜明的实践性。马克思主义劳动观作为一种劳动文化价值体系，是推动我国国家治理能力和治理水平现代化的精神力量。综合国力的竞争归根结底是人才的竞争，为了形成具有国际竞争力的人才培养体系，新时代的劳动观教育就不应局限于通过理论教育去教育，又或是通过单一的自主劳动观的教育、创新劳动观教育……而是应该在深刻把握时代新要求的基础上，整体构建符合社会经济结构发展要求的新时代劳动观教育体系。本文提出了新时代劳动观教育体系，该体系由自主劳动观、平等劳动观、创新劳动观、竞争劳动观、协作劳

① 《马克思恩格斯文集》第1卷，人民出版社，2009，第501页。
② 《马克思恩格斯全集》第3卷，人民出版社，2002，第394页。
③ 《马克思恩格斯全集》第42卷，1979，第96页。
④ 《马克思恩格斯全集》第1卷，1979，第459页。

动观等劳动观教育组成。这五个维度的劳动观教育间不是相互分离的，而是一个相互关联，相互作用的统一体。其中，自主劳动观教育和平等劳动观教育是“地基”，竞争劳动观和协作劳动观是“外墙”，创新劳动观则是“顶梁柱”。只有在统筹把握和整体架构以上五个劳动观维度的基础上，学校的劳动教育才具有全面性和系统性，才能真正培养出适合社会经济结构转型升级所需要的复合型劳动人才。

（编辑：党印）

The Construction of Five Dimensions of Labor View in The New Era

He Fujun, *Liu Hong*

Abstract: The concept of labor education in schools should profoundly grasp the new orientation of China's high-quality economic and social development to the demand for talents in the new era, and strive to build a labor view education system that adapts to the new development of social and economic structure. The new concept of development, with the five concepts of innovation, coordination, green, openness and sharing as its core, is the theoretical guide for constructing a modern economic system. As a new thinking paradigm of economic development, the five new development concepts provide important reference value for the construction of labor view education system in the new era. In order to alleviate the employment contradiction of "structural unemployment", the school labor view education should take Xi Jinping Thought on Socialism with Chinese Characteristics for a New Era as the ideological guidance, take Marxist labor view as the theoretical core, and construct a labor view education system with the characteristics of the times and the unification of theory and practice. Therefore, the education system of labor view in the new era can be constructed from the dimensions of independence, equality, innovation, competition, and cooperation. These "five dimensions" affect and interact with each other.

Keywords: Labor View Education; New Era; Training Talents

劳动：青少年走向“接班人”的“桥”

——人学视角下青少年劳动教育的现实意义及路径探析

胡德庆

【摘　　要】长期以来，“高考主义”的影响、亲人的宠爱以及相对优越的生活环境，使得劳动对青少年来说似乎已成为“奢侈品”，劳动教育在整个青少年教育中也一直被边缘化和形式化，以至于当前大量的青少年忽视劳动、轻视劳动、拒绝劳动和不珍惜劳动成果。劳动的观点作为马克思主义人学核心观点之一，在整个马克思主义人学体系中有着根基性的作用。鉴于当前青少年群体中劳动教育缺失的现状，我们有必要回到马克思主义人学中，重新审视劳动教育在青少年培养健全人格、实现和确证自身价值、构建良好社会关系及筑牢正确劳动观念等方面的现实意义，并在其指引下探析家校联合、网络宣传、政府监管、群团组织及自我认识的提升等符合青少年特点的劳动教育路径。

【关 键 词】人学；青少年；劳动教育

【作者简介】胡德庆，中国青年政治学院马克思主义学院硕士研究生。

在中国共产党历届领导人的思想认识当中，劳动与教育相结合的原则一直是根深蒂固的，例如毛泽东同志在1958年时就曾强调：“劳动与教育相结合的原则是不可移易的。”[①] 江泽民同志也曾指出：“教育与生产劳动相结合是坚持

① 《毛泽东 邓小平 江泽民论青少年和青少年工作》（增订本），中国青年出版社，2003，第122页。

社会主义教育方向的一项基本措施。”[①] 党的十八大以来，随着中国经济社会的深入发展，以及实现中华民族伟大复兴中国梦的步伐加快，习近平总书记立足新时代我国发展的时代之需、现实之需和使命之需，对劳动和劳动教育做出一系列重要论述，特别是在2018年全国教育大会上，习近平总书记更是明确指出：“要努力构建德智体美劳全面培养的教育体系，形成更高水平的人才培养体系。”并进一步强调：“要在学生中弘扬劳动精神，教育引导学生崇尚劳动、尊重劳动，懂得劳动最光荣、劳动最崇高、劳动最伟大、劳动最美丽的道理，长大后能够辛勤劳动、诚实劳动、创造性劳动。”[②] 2020年3月20日，中共中央、国务院也应时应势及时印发了《关于全面加强新时代大中小学劳动教育的意见》，指出：“劳动教育是中国特色社会主义教育制度的重要内容，直接决定社会主义建设者和接班人的劳动精神面貌、劳动价值取向和劳动技能水平。”[③]

然而回归现实，我们却发现，当前有许多学校及青少年自身依然没有清晰地认识到劳动及劳动教育的重要性，依然在“高考主义”的影响下忽视劳动及劳动教育，特别在民办学校当中更是如此，劳动教育一直处在落实教育政策和教育要求的最边缘。马克思主义人学作为马克思主义理论的重要方面，其十分注重劳动和劳动教育在人及人类历史发展中的关键作用，蕴含着大量至今仍具有现实指导性的科学观点，这些关于劳动和劳动教育的观点对于我们在新的时代条件下，认识劳动及劳动教育的现实意义、探寻劳动教育的有效路径具有十分重要的指导意义。所以，立足当前青少年劳动教育的现状和需要，以及实现中华民族伟大复兴中国梦的现实要求，我们有必要回到马克思、恩格斯及他们的后继者那里去，在他们关于人的学说中重新审视青少年参与劳动、接受劳动教育的现实意义，并探析符合青少年成长特点的劳动教育路径，以帮助学校、社会及青少年自身更加重视劳动、热爱劳动、信奉劳动，积极在劳动实践中找准人生方向、成就美好人生。

① 《毛泽东 邓小平 江泽民论青少年和青少年工作》（增订本），中国青年出版社，2003，第303页。

② 习近平：《坚持中国特色社会主义教育发展道路 培养德智体美劳全面发展的社会主义建设者和接班人》，《人民日报》2018年9月11日。

③ 《中共中央 国务院关于全面加强新时代大中小学劳动教育的意见》，人民出版社，2020，第1页。

一　青少年劳动教育的现实背景

在马克思主义人学语境下，考察人的活动离不开对其所处现实背景的考察与分析，教育活动亦是如此，因为“人的本质不是单个人所固有的抽象物，在其现实性上，它是一切社会关系的总和”①。所以，在研究青少年劳动教育这种特殊的人的活动时，必须首先弄清楚其面临的现实背景，以更好地认清当前在青少年群体中开展劳动教育的现实意义和更实事求是地分析对其进行劳动教育的科学路径。

（一）部分青少年劳动意识淡化、劳动能力弱化

在当前的青少年群体中，“不愿洗衣做饭打扫卫生、不会洗衣做饭打扫卫生”似乎已成为他们当中大多数的标配，通过观察我们还会发现，其中一部分人似乎也已发展成为“长在板凳上的青少年”、“趴在课桌上的青少年”或“瘫在沙发上的青少年”，这种现象的出现主要原因还是在于父母的过度宠爱。因为在现阶段，独生子女依然是大多数家庭的基本特征之一，生活在独生子女家庭的孩子大多会像“宝”一样被捧在父母或其他亲人的手中，除非犯了必须给予教育的严重错误，否则孩子基本上不会受到来自外界的“皮肉之苦”，更不用说强迫他们去参与会令他们感到“反感”的劳动了。北京教育科学研究院基础教育科学研究所的调查报告显示，美国小学生平均每天的劳动时间为1.2小时，韩国0.7小时，法国0.6小时，英国0.5小时，而中国小学生平均每天的劳动时间只有12分钟。② 这组数据足以体现中国的父母对孩子进行“劳动保护”的现象与行为具有普遍性。根据另一项针对天津市初中生劳动教育现状的调查，44%的学生不会主动做家务，无论是市区还是郊区，学生做家务的行为倾向都比较弱。该调查还显示，有50.6%的家长偶尔教或一般不教学生做家务的知识和技能，而在学生做家务的时间方面，有19.7%的学生平均每天做家务的时间仅为0~10分钟，49.8%的学生每天做家务的时间为10~30分钟，由此可见，多数家长没有重视对孩子的劳动教育。③ 此外，在高中生

---

① 《马克思恩格斯选集》第1卷，人民出版社，1995，第60页。

② 瑀辰：《劳动教育，不止于课堂》，《北京日报》2019年1月16日。

③ 高维、程亚楠、庞茗萱：《天津市初中生劳动教育现状调查研究》，《天津市教科院学报》2017年第5期。

劳动教育方面，一项调查的结果显示，在各学段中，高中生父母反对孩子做家务的比例高达37.1%，从不做家务的高中学生比例也高达41.7%。① 所以，基于上述一系列调查数据我们可以得知：大量的青少年在亲人的宠爱和“保护”中自主劳动意识被淡化、劳动能力被弱化，这已成为当前加强青少年劳动教育的一大现实背景。

（二）青少年群体中不珍惜劳动成果现象时有发生

改革开放以来，随着生产力的不断解放，中国人民的生活水平获得了显著提高，这虽然极大地提升了中国人民的幸福感与获得感，但也在一定程度上促使大量青少年丧失了优秀的“朴素精神”，青少年群体中出现了许多不珍惜劳动成果、浪费劳动产品及追求奢侈生活的现象。近些年校园浪费现象的频发和青少年群体中“一次性消费”“网游消费”“品牌消费”“不必要消费”的盛行都是对青少年群体中存在“不珍惜劳动成果”现象判定的鲜活例证。例如，一项针对中学生校园浪费现象的调查显示，有57%的同学经常不把饭吃完，其中一部分同学甚至只吃几口就把饭菜直接倒掉。此外，当调研人员问及其倒饭时是否会感到惭愧、可惜时，有将近20%的同学给予了否定的回答，还有19%的同学从未考虑过类似的问题。尽管还有60%的同学在倒掉未吃完的饭菜时会觉得惭愧、可惜，但是调查者通过观察发现，他们下次还是依旧做不到“光盘”。② 除了经常发生在校园内青少年不珍惜劳动成果的现象外，我们还会在各类新闻媒体上看到有关青少年为了玩网络游戏而不惜大肆挥霍父母的血汗钱，以及有些青少年为了所谓的“面子”而“一掷千金”等类似的新闻报道，这些都足以反映当前青少年群体中存在不懂得珍惜父母及他人劳动成果的现象，这也成为当下对青少年加强劳动教育的一大现实背景。

（三）劳动教育在“高考主义”影响下被“边缘化”

当前，在现有的人才选拔机制下，“高考”这个名词对于绝大多数青少年来说是其在未来道路上实现自身价值、拥有成功人生的唯一“法宝”，除了吃

① 王飞、徐继存：《大中小学劳动教育实施现状的调查研究》，《课程·教材·教法》2020年第2期。
② 李丽霞：《校园浪费现象的调查报告》，新浪网，2017年9月25日。

饭和睡觉外，他们的绝大多数时间都在为顺利度过人生中的关键性“关卡”——高考而努力，“高考主义”已成为当前绝大多数青少年、青少年家长、学校以及现代社会所信奉的“绝对真理”。在高考主义的影响下，学生只重视课本知识的学习、家长只重视学生卷面上的成绩、老师只重视“应试知识”的灌输、社会只重视“你”毕业于哪所“名牌大学”，包括“劳动教育”在内的各种素质教育一直被排挤在青少年教育的边缘，处于教育核心地位的一直都只是“高考知识”的“简单教育”，这种能够有助于青少年更好成长、更好发展的劳动教育一直都无法触及教育的“中间”位置。虽然近些年来，教育部门一直在努力推进教育的各项改革，也在极力反对片面追求升学率，提倡素质教育，“然而在现实中，应试教育却越来越恶劣，‘高考指挥棒’在基础教育中的实际作用却越发突显，教育改革的观念（认知）、行动及其效果长期脱节”①，包括劳动教育在内的素质教育现状依然不容乐观。所以，对绝大多数青少年来说，以“升学”或“高考”为导向的教育体系已严重影响其德智体美劳的全面发展，特别是劳动教育的缺失已经使大量的青少年产生了忽视劳动、轻视劳动、拒绝劳动、厌恶劳动的心理，“劳动”在他们心里似乎已经成为“受苦”、“挨罚”或“浪费时间”的代名词，这一点必须引起全社会的高度重视，这也成为当前青少年劳动教育面临的一大现实背景和亟须解决的现实问题。

（四）国家发展出现新要求，青少年劳动教育地位升至“新高度”

习近平总书记在党的十九大报告中明确指出：“我国社会主要矛盾已经转化为人民日益增长的美好生活需要和不平衡不充分的发展之间的矛盾……我国社会主要矛盾的变化是关系全局的历史性变化，对党和国家的工作提出了许多新要求。”② “教育是一个民族最根本的事业”③，在党和国家各项事业中居于“根基”地位，对国家的发展和民族的进步起着基础性的作用，这正如习近平总书记所指出的：“建设教育强国是中华民族伟大复兴的基础性工程。”④ 在“关系全局”

① 戚务念：《论应试主义的社会根源》，《华中师范大学学报》（人文社会科学版）2019年第3期。

② 习近平：《在中国共产党第十九次全国代表大会上的报告》，人民出版社，2017，第11页。

③ 中共中央文献研究室、共青团中央：《青年工作文献选编》（中），中央文献出版社、中国青年出版社，2012，第766页。

④ 习近平：《在中国共产党第十九次全国代表大会上的报告》，人民出版社，2017，第45页。

的主要矛盾已经发生变化的情况下，教育工作必须适应社会主要矛盾的变化，紧紧围绕党的中心任务，“立足基本国情，遵循教育规律，坚持改革创新，以凝聚人心、完善人格、开发人力、培育人才、造福人民为工作目标，培养德智体美劳全面发展的社会主义建设者和接班人”①，让人民在教育事业的快速发展中更加相信中国特色社会主义的优越性，更加坚定“劳动创造美好生活”的信心，更加接近向往的美好生活。

“少年儿童是祖国的未来，是中华民族的希望……新陈代谢是不可抗拒的历史规律，未来总是由今天的少年儿童开创……实现我们的梦想，靠我们这一代，更要靠下一代。”② 走进“新时代”的青少年，他们自身的生理特点决定了不断满足人民日益增长的美好生活需要、实现中华民族伟大复兴的中国梦要靠他们来奋斗、“冲刺”和拼搏，他们正奋斗的年纪恰好是实现中华民族伟大复兴的关键阶段，也就是说：中华民族伟大复兴的中国梦将在他们手中取得“完全胜利”。这一点也被习近平总书记在会见中国少年先锋队第七次全国代表大会代表时所强调：“我国社会主义现代化、中华民族伟大复兴的中国梦，将来要在你们手中实现，你们是未来的主力军、生力军。”③ 因此，在中国进入新时代的历史背景下，在中国人民不断向往更高层次美好生活的客观现实中，在全国各族人民奋力实现中华民族伟大复兴的现实条件下，加强对青少年的劳动教育被“历史”和时代赋予了新的历史地位和高度，其已成为帮助青少年合理培养健全人格、实现全面发展，以及使其顺利成长为实现中华民族伟大复兴中国梦“冲刺者”的必然要求。

二　青少年劳动教育的人学思考

与动物相比，人能够通过自己所做出的努力和改变来使“对象物”为自己的目的服务，并支配着自然界或“对象物”，这“是人同其他动物的最后的

① 习近平：《坚持中国特色社会主义教育发展道路 培养德智体美劳全面发展的社会主义建设者和接班人》，《人民日报》2018 年 9 月 11 日。

② 习近平：《从小积极培育和践行社会主义核心价值观》，《人民日报》2014 年 5 月 31 日。

③ 习近平：《在会见中国少年先锋队第七次全国代表大会代表时的讲话》，《人民日报》2015 年 6 月 2 日。

本质的区别，而造成这一区别的还是劳动”①。在马克思主义人学理论中，正是劳动使得人与动物区别开来，进而使人真正成为人自身，即“劳动创造了人本身”②。因此，我们可以这样说：唯有劳动才能让人拥有人自身的特质，才能实现自身特有的价值，才能构建符合特定社会历史所要求的“社会关系”，进而也才能更美好地参与、创造和享受社会生活。

（一）培养健全人格，使青少年成为“全面发展的人”

“那些发展着自己的物质生产和物质交往的人们，在改变自己的这个现实的同时也改变着自己的思维和思维的产物。”③ 在马克思主义人学视角下，正是人们的劳动实践和物质交往决定并改变着人们的自身、思维及其产物，或者说人们正是在劳动中“改变着自己的本性”④。一方面，劳动可以进一步开发和提升人的“脑力”。因为从人脑的形成过程来看，“首先是劳动，然后是语言和劳动一起，成了两个最主要的推动力，在它们的影响下，猿的脑髓就逐渐地变成了人的脑髓”⑤，劳动在人脑的形成、开发和“脑力”提升中发挥着极大的推动作用，并且这种推动作用往往是决定性的。另一方面，劳动可以锻造优秀品质、激发新的“灵感”。因为“在再生产的行为本身中，不但客观条件改变着，例如乡村变城市，荒野变为清除了林木的耕地等等，而且生产者也改变着，炼出新的品质，通过生产而发展和改造着自身，造成新的力量和新的观念”⑥。恩格斯也曾指出：“人是唯一能够由于劳动而摆脱纯粹的动物状态的动物——他的正常状态是和他的意识相适应的而且是要由他自己创造出来的。”⑦ 所以，我们可以坚定地认为：劳动在人成为更好的自己、更全面的自己、更优秀的自己过程中发挥着不可替代的“决定性”作用。

基于劳动对人及其发展的关键性作用，马克思在实践观的基础上坚持和发展了“教育和生产劳动相结合”的科学思想，并明确指出：“未来教育对所有已满

---

① 《马克思恩格斯选集》第3卷，人民出版社，1972，第517页

② 《马克思恩格斯选集》第4卷，人民出版社，1995，第374页。

③ 《马克思恩格斯选集》第3卷，人民出版社，1960，第30页。

④ 袁贵仁：《马克思主义人学理论研究》，北京师范大学出版社，2012，第81页。

⑤ 《马克思恩格斯选集》第3卷，人民出版社，1972，第512页。

⑥ 《马克思恩格斯选集》第46卷上册，人民出版社，1979，第494页。

⑦ 《马克思恩格斯全集》第20卷，人民出版社，1971，第535~536页。

一定年龄的儿童来说，就是生产劳动同智育和体育相结合，它不仅是提高社会生产的一种方法，而且是造就全面发展的人的唯一方法。”[①] 所以，在马克思看来，劳动教育同人的全面发展是不可分割的，在一定程度上来说劳动是人培养健全人格、实现全面发展的必由之路。青少年正处在形成健康人格的关键时期，更要重视劳动对其健康人格形成的重要推动作用，创造和利用各种“劳动”机会，让青少年在劳动实践中形成健康的人格，实现自身的全面发展。江泽民同志也曾在全国教育大会上强调：“事实证明，如果只让学生关起门来读书，不参加劳动，不接触社会实践，不了解工人农民是怎样辛勤创造社会财富的，不培养劳动人民情感，是不利于他们健康成长和全面发展的。”[②] 所以，在需要把青少年培养成德智体美劳全面发展的“建设者”和“接班人”的时代条件下，必须重视对青少年进行合理的劳动教育，以劳动促其健康成长和全面发展。

（二）实现自身价值，使青少年逃离“佛系危机”

“劳动是积极的、创造性的活动”[③]，“全部人的活动迄今为止都是劳动”[④]，人只有在积极的劳动中才能创造价值，劳动对人自身价值的实现有着基础性和绝对性的地位和作用，这一点也为马克思和恩格斯在其相关论述中阐明：“人们为了能够‘创造历史’，必须能够生活。但是为了生活，首先就需要吃喝住穿以及其他一些东西。因此第一个历史活动就是生产满足这些需要的资料，即生产物质生活本身，而且这是这样的历史活动，一切历史的一种基本条件，人们单是为了能够生活就必须每日每时去完成它，现在和几千年前都是这样。”[⑤] 在马克思看来，现实中人们所从事的一切活动，其起基础性作用的、摆在首位的应当是物质生产活动，即劳动，也只有在劳动中人才能“能动地表现自己”[⑥]，即表达价值需求和实现自身价值，这也正如著名的马克思主义人学研究者袁贵仁在其著作中表述的：“离开劳动过程，人无以表达自己的主体性；离开劳动产品，人无法确

---

① 《马克思恩格斯选集》第 2 卷，人民出版社，1995，第 212 页。

② 《毛泽东 邓小平 江泽民论青少年和青少年工作》（增订本），中国青年出版社，2003，第 303 页。

③ 《马克思恩格斯全集》第 30 卷下册，人民出版社，1995，第 618 页。

④ 《马克思恩格斯全集》第 3 卷，人民出版社，2002，第 306 页。

⑤ 马克思、恩格斯：《费尔巴哈》，人民出版社，1988，第 23 页。

⑥ 《马克思恩格斯全集》第 3 卷，人民出版社，1960，第 29 页。

证自己的本质力量；离开劳动，人无法肯定自己的主体地位。”① 马克思也曾明确指出：“这种活动的基本形式当然是物质活动，它决定一切其他的活动，如精神活动、政治活动、宗教活动等。”② 所以，一个人要充分发挥自己的主体性、真正实现自身应有的价值，其首先就需要参与到具体的物质生产实践——劳动当中，在劳动中不停地展现自己的“主体性”，创造属于自己的“价值”。

“我们的生产同样是反映我们本质的镜子”③，“作为人生价值内容的人的贡献，说到底是人的劳动的贡献，人只有在劳动中才能创造价值、获得价值，才能向他人或社会做出贡献，才能表现和确证自己的价值”④。青少年作为一个需要自身“价值确证”或亟须得到“价值认可”的特殊群体，他们的需要或者说自身价值的实现也应当通过具体的劳动实践来获得满足和达到。当前社会上出现了不少的“佛系少年”和“佛系青年”群体，这在一定程度上与“劳动教育”的“缺失”有关，他们在最需要得到自身“价值确证”的年纪没有得到相应的“价值确证”，以至于他们后来陷入“无为而活”或“不知怎么生活”的尴尬窘境。“如果科学从人的活动的如此广泛的丰富性中只知道那种可以用‘需要’、‘一般需要’的话来表达的东西，那么人们对于这种高傲地撇开人的劳动的这一巨大部分而不感觉自身不足的科学究竟应该怎样想呢?”⑤ 教育是要让青少年明白自身的真正需要是什么，以及如何满足这种需要和实现自身价值，而“劳动”正是达到这一目的的绝佳途径。所以，要让青少年真正懂得自己的需要、真正知道如何通过自己的“双手”满足自身需要、实现自身价值，并能在今后的人生道路上摆脱“佛系”危机，就必须让其在最好的年纪接受足够的劳动教育。

（三）构建社会关系，使青少年更好理解和融入社会

“个人是社会存在物”⑥，人总在一定的社会关系中参与着各种实践活动，人不能离开与他人的社会联系而孤立地存在，人的本质属性就是其社会性。同样，

① 袁贵仁：《马克思主义人学理论研究》，北京师范大学出版社，2012，第81页。
② 马克思、恩格斯：《费尔巴哈》，人民出版社，1988，第69页。
③ 《马克思恩格斯全集》第42卷，人民出版社，1979，第37页。
④ 袁贵仁：《马克思主义人学理论研究》，北京师范大学出版社，2012，第168页。
⑤ 《马克思恩格斯全集》第42卷，人民出版社，1979，第127页。
⑥ 《马克思恩格斯全集》第42卷，人民出版社，1979，第122页。

个人的发展也不能离开其他人的发展而独自实现发展，这正如马克思所说：“一个人的发展取决于和他直接或间接进行交往的其他一切人的发展。”① “既然人天生就是社会的生物，那他就只有在社会中才能发展自己的真正的天性，而对于他的天性的力量的判断，也不应当以单个个人的力量为准绳，而应当以整个社会的力量为准绳。”② 所以，在一个人的成长和成才道路上，他既不能离开他人的存在而独立存在，也不能离开他人的发展而独自获得发展，其始终都在与他人的交往与联系中存在和发展，也就是说，人必须在一定的社会关系中存在和发展。青少年的成长更需如此，他们不能整日在封闭的“大楼”里孤独地抱着书本成长，他们也需要构建适合其自身成长特点的社会关系，这种健康的社会关系不仅有助于他们现阶段的健康成长，也有利于他们今后的科学发展。

而在马克思主义人学语境下，人们正是通过劳动才创造了社会关系，劳动是社会关系产生的根本推动力，这一点马克思早在《神圣家族》中就给予了相应的阐释：“实物是为人的存在，是人的实物存在，同时也就是人为他人的定在，是他对他人的人的关系，是人对人的社会关系。”③ 由此就可以得出：人们在劳动实践中生产“实物”的同时也“生产”着人与人之间的关系。“为了进行生产，人们便发生一定的联系和关系；只有在这些社会联系和社会关系范围内，才会有他们对自然界的关系，才会有生产。”④ 通过马克思的论述我们可以进一步确证，人通过从事劳动，不仅能生成人自身的自然属性，同时也生成着人自身的社会属性，人只有通过劳动才能形成关于自身的一切社会关系，同样人们也只有在一定的社会关系中才能进行劳动实践，也就是说，“劳动实践和社会关系是相互依存、相互渗透和互为中介的”⑤。所以，我们可以认为：劳动正是青少年构建和谐、健康、有效的人际关系或社会关系的基本路径之一。为了让正在逐步步入成年人社会的青少年更好、更健康地融入社会，当前的基本任务之一就是让他们积极参与到劳动实践中，让他们在具体的劳动实践中与同学、老师、亲人以及社会上的其他人建立积极健康的社会关系或人际关系，为他们在当前更

① 《马克思恩格斯全集》第 3 卷，人民出版社，1960，第 515 页。
② 《马克思恩格斯全集》第 2 卷，人民出版社，1957，第 167 页。
③ 《马克思恩格斯全集》第 2 卷，人民出版社，1957，第 52 页。
④ 《马克思恩格斯全集》第 6 卷，人民出版社，1961，第 486 页。
⑤ 陈志尚等：《人学新论：马克思主义人学基本理论和重大现实问题研究》，人民出版社，2015，第 89 页。

好地融入“小社会”搭建“桥梁”和在将来更好地融入“大社会”打下可靠的“关系”基础。

（四）筑牢劳动观念，使青少年接力冲刺“伟大复兴”

马克思在《1844年经济学哲学手稿》中明确指出：“整个所谓世界历史不外是人通过人的劳动而诞生的过程。”[①] 也就是说，人类的历史及其发展是人通过自身的劳动实践创造和推动的，即马克思所坚信的：“如维柯所说的那样，人类史同自然史的区别在于，人类史是我们自己创造的，而自然史不是我们自己创造的。”[②] “人离开狭义的动物愈远，就愈是有意识地自己创造自己的历史。”[③] 所以，在整个人类历史的发展长河中“创造性的劳动实践”发挥了不可替代的决定性作用。马克思也曾在《致路·库格曼》中明确指出“劳动”对一个民族发展的至关重要性：“任何一个民族，如果停止劳动，不用说一年，就是几个星期，也要灭亡，这是每一个小孩都知道的。”[④] 回归到中国，伟大的革命领袖朱德同志曾在五四运动35周年纪念大会上指出：“社会主义是建立在劳动基础之上的。只有劳动，才是我们建设社会主义的力量和人民生活富裕的源泉，才是青年们对国家建设最有价值的实际贡献。”[⑤] 对于当前正在奋力实现中华民族伟大复兴的当代中国来说，我们更不能离开积极有为的“劳动实践”而空谈梦想，只有通过积极的劳动，社会主义现代化才能实现，中华民族伟大复兴的中国梦才能实现，中华民族也才能一直屹立于世界民族之林。

需要特别注意的是，在通过劳动创造历史的过程中，人的体力劳动和脑力劳动是不可分割、紧密联系在一起的，正如马克思所认为的那样，在具体的物质生产实践或劳动实践当中，“正象在自然机体中手和头缺一不可一样，体力劳动和脑力劳动不可分割地结合在一起了”[⑥]。反思现实，当前包括青少年在内的许多人都在或明或暗地轻视体力劳动，片面夸大脑力劳动的高尚性及其在现代社会发展中的决定性作用，以至于当前许多青少年和青年往往忽视、排斥、厌恶体力劳

① 《马克思恩格斯全集》第42卷，人民出版社，1979，第131页。
② 《马克思恩格斯全集》第23卷，人民出版社，1972，第409~410页。
③ 《马克思恩格斯全集》第20卷，人民出版社，1971，第374页。
④ 《马克思恩格斯全集》第32卷，人民出版社，1974，第541页。
⑤ 朱德：《在“五四”三十五周年纪念大会上的讲话》，《中国青年》1954年第10期。
⑥ 《马克思恩格斯全集》第49卷，人民出版社，1982，第204页。

动，这对实现我们党既定的“伟大复兴”目标是十分不利的，“因为体力劳动是创造社会物质和文化财富、创造人类历史的基本力量”①。

所以，综上所述，青少年作为中国的未来和民族的希望，既是需要我们关心和爱护的一代，更是为实现中华民族伟大复兴而接力冲刺的一代，对其进行劳动教育不仅关系到青少年自身的健康发展，更关系到中华民族伟大复兴中国梦的顺利实现，我们必须给予足够的重视，并在具体实践中积极推动，尤其是要清醒地认识到：只有重视对青少年进行必要的劳动教育，把他们培养成德智体美劳全面发展的“接班人”，他们才能在实现中华民族伟大复兴的“冲刺”中更加脚踏实地，“冲刺”时也才能更有爆发力和“持久性”，也才会防止他们今后患上“软骨病”。

三　青少年劳动教育的路径探析

关于如何对青少年群体进行劳动教育，或者说如何才能使青少年的劳动教育更加符合其身心特点、更能促进其全面发展，以达到劳动教育的目的，是当前许多学者研究的重点和热点问题。通过调研和观察，以及对现有研究成果的借鉴，本文现立足于青少年劳动教育的必要性和可行性，提出青少年劳动教育的“五到位”方法，以帮助青少年劳动教育更有效地开展。

（一）家校联合到位：推动劳动教育实现家与校的“双循环”

马克思曾说：“要改变一般人的本性，使它获得一定的劳动部门的技能和技巧，成为发达的和专门的劳动力，就要有一定的教育或训练。”② 可见，要使青少年形成正确的劳动观念并掌握基本的劳动技能，合理的教育与训练是必不可少的，这就进而需要负责教育的单位和部门“重视实践育人，坚持教育同生产劳动和社会实践相结合”③，把劳动教育纳入青少年的日常教育和管理中，利用一切能够为青少年参与劳动实践、形成健康劳动意识、获得基本劳动知识和提升自

① 中共中央文献研究室、共青团中央：《青年工作文献选编》上，中央文献出版社、中国青年出版社，2012，第 516 页。

② 《马克思恩格斯全集》第 23 卷，人民出版社，1972，第 195 页。

③ 《习近平关于青少年和共青团工作论述摘编》，中央文献出版社，2017，第 77 页。

身劳动能力提供机会与平台。

学校在青少年的教育和培养中起着主导作用，而家庭作为“人生的第一个课堂”对青少年正确价值观的养成也发挥着关键性的作用。所以，在青少年劳动教育开展过程中，家庭与学校不能仅仅“各司其职”，而必须联合起来，合理构建有效的共同引导、共同教育、共同管理的联合机制，共同为青少年积极参与劳动、培养劳动意识、提高劳动能力提供并创造合适的机会。当前，在青少年的教育过程中，特别是在劳动教育方面，学校与家庭的“联合教育”“联合引导”一直存在着“裂缝”，这对广大青少年健康劳动观念的形成、劳动兴趣的培养、基本劳动技能的掌握是十分不利的。所以，为了更好地对青少年进行劳动教育，家庭和学校要构建好科学合理的联合劳动教育机制，例如，可以通过举办家校劳动教育分享会、建立家校联合劳动教育工作微信群、签订家校劳动教育责任书、定期在学校集中举办家庭劳动教育成果评比会、适时开展家校联合劳动教育课外活动等，在家校“互通互助”“相互监督”“相互激励”中引导、教育和管理青少年，让青少年们不仅在学校的教育中更在家庭的日常生活中明白：未来的幸福最终要靠自己的辛勤劳动来获得，天上不会掉馅饼，只有通过辛勤劳动、诚实劳动、创造性劳动才能更有效地实现自身价值、更好地奉献青春力量。

（二）网络宣传到位：促进劳动价值与观念弘扬上的广泛化

新一代青少年能否成为德智体美劳全面发展的可靠“接班人”，不仅关系到青少年自身的发展前景和中国教育的未来，更关系到整个中国社会发展的未来和前进的动力。因此，全社会都要关心和保护青少年的健康成长，“共同创造良好的育人环境”①，积极引导和帮助青少年树立正确的世界观、人生观和价值观，当然这其中也必然包括帮助其形成正确的“劳动观”。邓小平同志曾说：“我们一定要教育好我们的后一代，一定要从各方面采取有效的措施，搞好我们的社会风气。”在邓小平同志眼里，社会风气的好坏直接影响着青少年群体能否形成良好的风气，因此必须要发挥好良好社会风气对青少年正确价值观的培养和群体内

① 中共中央文献研究室、共青团中央：《青年工作文献选编》中，中央文献出版社、中国青年出版社，2012，第980页。

部形成良好风气的推动作用。

当前，媒体，特别是网络媒体，在社会风气形成和发展过程中扮演着至关重要的角色，同时也会直接影响着广大青少年能否形成健康的价值观。可是，在亟须对青少年加强劳动教育的当下，媒体特别是各类网络媒体，在弘扬正确的劳动观念、传播科学的劳动知识、搭建有效的劳动平台上一直存在“缺位”的现象。例如，在利益竞争日益激烈的现实驱动下，过度地宣扬“享受主义”、扭曲地“灌输”“金钱万能”、“精致”地丑化体力劳动、“细心”地包装可以不劳而获的“成功学”以吸引青少年和青年人的眼球，这已成为许多App运营商和众多媒体获取自身利益的“明智之举”，劳动特别是体力劳动的价值与地位的弘扬与传播，一直是许多媒体不愿为其浪费时间的事情。在这样一个需要全民关注、关爱青少年，并积极帮助其健康地成长为实现中华民族伟大复兴中国梦“接力者”的时代，各类媒体特别是网络媒体，必须承担起自己应付的社会责任，利用好自己的“宣传优势”、“人缘优势”和“公信力”，积极地在全社会弘扬“人世间的一切成就、一切幸福都源于劳动和创造”[①] 的价值观念，有效地向青少年灌输“所有成功人士的成功都源于自己的‘辛勤劳动’”的思想，而不是把“劳动”放在其宣传的“角落”，这既是媒体自身社会价值实现的有效方式，也是把青少年培养成实现社会主义现代化“新兴奋斗者”的有效途径。例如各类聊天交友类App（如微信、QQ等）可以定期向用户推送关于劳动的知识与技能，以帮助提升大众学习劳动知识与技能的兴趣；“新潮”类App（如抖音、快手等）不能只顾吸引眼球、投其所好，也要适时推送传播劳动理念的短视频，以将大众的视野不时地转移到劳动上；商业类App（如淘宝、京东等）可以在特殊节日（如“五一”劳动节、植树节等）发布一些宣传劳动光荣的公益广告，让大众在消费的过程中感悟劳动的价值与力量；各大电视台也可以通过定期举办劳动技能大赛、劳动知识问答比赛等形式来引起大众对劳动的关注；各类关注度比较高的网络新闻类媒体（如头条新闻、腾讯新闻、新浪微博等）可以多转载和推送劳动类新闻以制造“劳动热点”、营造劳动光荣的良好氛围。

① 习近平：《在会见中国少年先锋队第七次全国代表大会代表时的讲话》，《人民日报》2015年6月2日。

（三）政府监督到位：保证青少年劳动教育实现常态化与规范化

江泽民同志曾指出："为了落实教育与生产劳动相结合的原则……各级教育部门要进行具体的指导和督促检查。"[①] 政府部门的指导、督促和检查是相关教育政策在各级各类学校落地生根的必要条件，劳动教育的相关要求要在各类学校教育计划和具体实施中"落地生根"更需如此，相关政府部门决不能在青少年劳动教育过程中有丝毫"无为而治"的思想，特别是在当前仍然有许多学校片面追求升学率、许多家长片面追求卷面成绩的现实情况下。劳动教育是一种"未来性"的教育投资，其投资的有效性或者说对学生成长成才的有效影响不会立马体现出来，它需要一个渐进式的反馈过程，且这种反馈过程还是"隐性"的，即不容易让学校、家长乃至青少年自身察觉。可是，在以学生的考试成绩评价学校及教师教育教学水平的现实情况下，许多学校，特别是私立学校只重视"即时性"的教育投入，即只注重对学生"考试知识"的有效灌输和学生答题能力的有效培养，这样的做法必然会严重剥夺学生接受劳动教育的机会，使劳动教育边缘化。所以，基于这样的现实，在对青少年进行劳动教育的过程中，政府相关部门不能只定意见和政策，不进行具体的指导和监督，任凭教育机构自主发挥，而必须积极地对各级各类学校的劳动教育情况进行定期或不定期的指导和检查，指导检查期间既要听汇报，也要"看实地"；既要问领导，也要问老师和学生；既要观整体，也要重细节；既要考虑他人评价，更要考察学生的劳动技能和知识掌握情况。政府相关部门只有切实完成这些"工序"，劳动教育的相关要求才能在各类学校"落地生根"，广大青少年也才能在劳动教育的过程中真正享受到劳动乐趣、感悟到劳动价值，而不会只把劳动当成一种负担或一种惩罚。

（四）群团组织到位：助推青少年劳动教育有效实现社会化

群团组织，特别是共青团必须在教育青少年、培养青少年方面做出应有贡献，这不仅是由群团组织的性质决定的，更是由当前我们党的历史使命和奋斗目

① 中共中央文献研究室、共青团中央：《青年工作文献选编》中，中央文献出版社、中国青年出版社，2012，第981页。

标所决定的，我们党要实现中华民族伟大复兴就必须培养出千千万万特别能奋斗、特别能吃苦、特别爱奉献的社会主义“劳动者”和“接班人”。为了切实履行帮助党教育好下一代的“助手”职责，群团组织，特别是共青团必须要在青少年劳动教育中充分发挥好自身的组织力量，积极利用各种机会让青少年参与到共同的劳动实践当中，并在其中充当好引领者的角色。

列宁早在1920年的《青年团的任务》中就表达了团组织积极组织青年参与劳动的重要性，他明确指出：“任何一种劳动，不管它怎样脏，怎样困难，我们都要把它组织起来，使每个工人和农民对自己都有这样的认识：我是自由劳动大军的一分子，不需要资本家和地主，我自己就会建设自己的生活，建立共产主义的秩序。共产主义青年团要使大家从小就受到自觉的有纪律的劳动教育。”[①] 劳动是需要合理地进行组织和引导的，特别是对正处在“涉世不深”阶段的青少年来说，他们对劳动教育的重要性认识不够、积极参与劳动的观念不强、劳动本领较弱，更需要各类群团组织特别是共青团对其进行合理的组织和引导。为此，群团组织应主动为之，切实担负起自身肩负的“教育职责”，积极联系学校和家长，为青少年接受劳动教育提供好时机、协调好资源、搭建好平台，例如可以通过组织青少年进入企业工厂使其感受劳动氛围；通过组织青少年参与农业劳动使其感悟劳动不易、珍惜劳动成果；通过举办劳动大赛鼓励青少年自主学习劳动知识与技能；通过定期评选“劳动之星”使青少年自觉爱上劳动、不惧劳动等，让青少年在合理的劳动教育和活动中成长为社会主义现代化建设真正需要的“劳动者”和建设者。

（五）自我认识到位：实现劳动教育过程中主客体的双向互动

“生活靠劳动创造，人生也靠劳动创造”[②]，这是广大青少年应牢记于心、外化于行的永恒的科学的价值观念和人生信条。习近平曾对广大少年儿童说：“你们从小就要树立劳动光荣的观念，自己的事自己做，他人的事帮着做，公益的事争着做，通过劳动播种希望、收获果实，也通过劳动磨炼意志、锻炼自己。”[③]

---

① 《革命领袖论青年和青年工作》，中国青年出版社，1984，第129页。

② 习近平：《在同全国各族少年儿童代表共庆“六一”国际儿童节时的讲话》，《人民日报》2013年5月31日。

③ 习近平：《在同全国各族少年儿童代表共庆“六一”国际儿童节时的讲话》，《人民日报》2013年5月31日。

在对青少年进行劳动教育的过程中，青少年自身也要切实地认识到劳动既是自身的基本权利之一，也是自身成长、成才的基本路径，在积极地参与劳动的同时，也要积极地向学校、家长及相应的群团组织争取劳动机会、维护好自身的劳动权益，例如主动向学校“要回”被文化课占用的劳动教育课的课时、向家长“夺回”未经自己同意而被“霸占”的“简单劳动”；向群团组织申请被其“忽视”的有益劳动活动；向公众呼吁多给自己提供一些接受劳动教育的机会与平台。可是，通过调研发现，在“高考主义”全方位的“包围”下，青少年早已成为“高考机器”和“考试专家”，对劳动教育也呈现出消极的态度，大多认为劳动是在浪费时间，不愿主动劳动，更不用说热爱劳动了，许多原本可以自己做的事和应该自己做的事也大多由自己的父母代劳，父母也很积极地帮助自己的孩子消除劳动上的“后顾之忧”，只为让孩子安心地躺在“题海”中。

劳动和劳动教育都是一个需要主客体之间双向互动的过程，如果劳动实践的主体或者接受劳动教育的客体——青少年不积极地在具体的劳动实践中“外化”自身主体能力、“内化”劳动知识和劳动价值观念，劳动教育依然达不到预期的效果，劳动和劳动教育最终也只能是走走过场的形式主义而已。只有广大青少年主动接受和认可劳动价值观念、主动参与到具体劳动实践中、积极地完成劳动过程中的“双向互动”过程，青少年的自身价值才能在劳动中得到确证，劳动观念才能进一步增强、劳动技能才能进一步提升、劳动教育的目的也才能真正地实现。所以，在家庭、学校、社会都关注和帮助青少年更好地接受劳动教育的同时，青少年自身也必须对“劳动成就人生”的观念认识到位，在主动参与劳动、接受劳动教育的过程中维护好、珍惜好自己的劳动权益，为自己将来成为实现中国梦的“冲刺者”而积极劳动、刻苦学习、健康成长。

（编辑：赵明霏）

Labor: “Bridge” for Youngsters to “Successors”

—On the Practical Significance and Path of Youth Labor Education from the Perspective of Marxist Anthropology

Hu Deqing

Abstract: For a long time, the influence of “college entrance examination doctrine”, the pet of relatives and the relatively superior living environment make labor seem to be a “luxury” for youngsters, and labor education has been marginalized and formalized. As a result, a large number of youngsters ignore labor, despise labor, reject labor and do not cherish the fruits of labor. As one of the core viewpoints of Marxist anthropology, the viewpoint of labor plays a fundamental role in the whole Marxist anthropology system. In view of the current situation of the lack of labor education in the youth group, it is necessary for us to return to Marxist anthropology and re-examine the practical significance of labor education in cultivating a healthy personality, realizing and confirming their own value, building good social relations, and establishing correct labor concepts for young people, and under its guidance, to explore the path of labor education that conforms to the characteristics of youngsters, such as home-school union, network propaganda, government supervision, group organization and self-awareness.

Keywords: Anthropology; Youngsters; Labor Education

池州学院大学生劳动素养教育的设计与实践*

黄国萍　柳友荣　沈丽丽

【摘　要】大学生的劳动素养由劳动认知、劳动情感、劳动意志和劳动行为四个维度构成，四维并进、知行合一是高校劳动教育的目标。以劳动心理学指导劳动教育实践，将高校劳动教育的组织和实施建立在科学基础之上，既可以为劳动教育实施的效果提供保障，又可以进行理论析出，丰富劳动心理学的内容。大学生劳动教育是养成性教育，要全面融入大学生活。

【关 键 词】劳动教育；劳动素养；劳动心理学；劳动课

【作者简介】黄国萍，池州学院劳动教育研究中心主任，副教授；柳友荣，池州学院校长，教授；沈丽丽，池州学院讲师。

池州学院的劳动教育始于 2010 年的劳动周制度，历经三次改革，已经建立起较为完善的大学生劳动素养教育课程体系和实施机制。2019 年学习强国安徽教育平台以“池州学院：促进学生全面发展，打出劳动育人组合拳”为题，报道了池州学院的劳动教育实践成果。

---

* 本文系教育部学校规划建设发展中心委托项目“大学生劳动素养课程标准与实施机制研究”（教规建中心函〔2019〕38 号）、2018 年度高校优秀青年人才支持计划项目（项目编号：gxyq2018109）的阶段性成果。

一　池州学院大学生劳动素养教育的发展历程

（一）池州学院大学生劳动素养教育简况

2010年，池州学院对大学生的劳动教育开始进行统一组织和管理，试行劳动周制度。自2011年开始，学校大力改革本科生的通识教育，在学校实行素养育人，初步建立起包含10门课程［德行素养、科学素养（数据素养）、文学素养、艺术素养、劳动素养、传统文化素养、身体健康素养、心理健康素养、创新创业素养、生涯规划与就业素养］的、完善的大学生通识素养教育体系，以综合素养为统领，10门课程各有侧重，又互为补充。

池州学院劳动素养教育一贯坚持理论与实践并重推进的原则，以劳动心理学为理论指导，对大学生劳动素养教育的内容和实施进行科学设计和管理，同时积极总结经验，探寻大学生劳动素养四个维度（知、情、意、行）的发展规律，尤其是大学生创新创造思维的发生发展规律，以不断丰富劳动心理学和劳动教育心理学的内容，持续科学推进劳动素养教育实践。

池州学院劳动素养教育有坚强的内外部组织保障、经费保障和机制保障。学校和学院分别设有大学生劳动课领导小组和劳动课工作组。学校建有相对稳定的劳动教育研究团队，设有劳动素养教育专项经费和专项课题经费，已经出台了相关制度和文件，建有部门联动协调机制。

（二）池州学院大学生劳动素养教育改革历程

1. 2010年试行劳动周制度

2010年，池州学院试行劳动周制度，将学生教室寝室卫生打扫、校园环境卫生、绿化养护和图书整理等列为学生劳动必修内容，纳入统一管理，劳动课由教务处管理，后勤处协同负责，协调各专业班级有序开展，劳动教育体系初步形成。

2. 2011年纳入通识素养教育体系

2011年学校启动大学生通识素养教育，劳动课作为劳动素养教育的主要依托课程被纳入学校通识教育课程体系，进入人才培养方案，专设30课时和1学分，专设教学大纲。劳动素养教育教学和班级安排由教务处负责，各班辅导员具体组织开展，出台了《池州学院大学生劳动课管理暂行规定》《池州学院劳动课程实施细则（试行）》，从制度上对劳动教育做出规定。2011～2013 年的劳动教育是以实践技能培训和锻炼为主的实践性教学环节，目标是培养大学生劳动观念、养成良好劳动习惯和文明行为习惯，具体形式以理论知识讲座和卫生打扫、绿化养护等实践活动为主。2014 年学校出版《大学生劳动素养》，该教材在内容结构上共包含五部分：政策篇、经验篇、价值篇、实践篇和感悟篇。至此，劳动素养教育内容拓展至劳动素养的知、情、意、行四个维度，开始关注劳动心理学在劳动素养教育中的指导作用，大学生劳动素养教育的内容体系基本成形，第一次改革基本完成。

3. 2016 年建立四级管理模式

2016 年，学校通过召开经验交流会和专家咨询等方式启动了大学生劳动素养教育第二次改革，正式出台《池州学院大学生劳动课管理规定》。从总则、领导小组、开设时间、劳动内容、指导教师、课堂纪律、专项经费、课时与成绩、评价标准等十四个方面对学校劳动素养教育进行了详细具体的规定。各学院依据各自学科专业特点，制定切实可行的劳动课教育教学方案和教学大纲，教务处负责教学检查和质量监控工作。自此，大学生劳动素养教育进入学校总管、教务处主管、二级学院分管、后勤集团和团委协管的四级管理模式。学校正式成立由教育学、心理学、思想政治教育和高等教育等专业教师组建的劳动素养教育研究团队，各具特色的专业劳动教育内容和形式也逐渐丰富起来。

4. 2018 年启动劳动素养教育综合改革

学校于 2018 年开始启动大学生劳动素养教育第三次综合改革。立项教育部学校规划建设发展中心委托项目“大学生劳动素养课程标准与实施机制研究”和池州学院《大学生劳动素养》优质教材项目，课题组全力开展大学生劳动素养课程标准研制和教材修订工作。

《大学生劳动素养课程标准》，主要内容包括课程性质、课程目标、内容目标、实施建议等；在结构上包括总纲和分项内容标准两部分。总纲规定劳动素养教育的总目标、内容设置、教学时数和教学通则等。分项内容标准规定劳动素养课主要教学内容的教学目标、教学要点和教学时间的分配、基本教学设备以及教学方法和其他应注意的事项。《大学生劳动素养》教材以“适需+适用，知识+技能，必修+选修”为教材撰写原则，按照学习目标、内容概要、心灵启迪、情景解析、劳动百科、拓展空间、劳技擂台、创意空间、劳有所思等九个板块组织内容，适用于“必修+选修，教学+自学，线上+线下，学习+评价，习得+创新，劳动+活动，准备+体认，展示+比赛”的“8+”实施路径，教材内容富有包容性，涵盖了劳动意识教育（劳动、劳动科学、劳动观等）、劳动常识教育（生活劳动常识和生产劳动常识）、劳动技能教育（生活劳动技能和生产劳动技能）和劳动体认教育（生活劳动体认、生产劳动体认、服务性劳动体认）等内容。2019年学校召开劳动素养综合改革推进会，从教育研究、课程设计、教学资源、制度完善、教材修订和实施方案等多方面齐发力，全面推动劳动素养教育改革和发展。2019年，学校将教育扶贫纳入劳动素养教育实践，在校内建设占地50亩的菊花种植基地。2020年3月，劳动教育研究团队完成了全国高校劳动教育开设现状与效果调研。

历经10年和三次改革，池州学院已经建立起了以劳动心理学为指导的大学生劳动素养教育课程体系和实施机制。

二　池州学院大学生劳动素养教育体系

（一）“四子”劳动素养教育建设框架

池州学院将立德树人融入劳动育人环节，务本崇实，已经构建起“四子”劳动育人体系。

1. 明确位子

学校将劳动教育纳入通识教育体系，进入人才培养方案，专设学分、学时和教学大纲。

2. 立稳柱子

学校以劳动心理学为理论基础，指导劳动教育实践，成果融入劳动教育内容，总结经验、析出劳动心理学理论。

3. 搭实台子

学校已经搭建了“一核三环”的劳动教育课程体系和五层共管的劳动教育管理体系。

4. 探索路子

学校探索构建了“必修+选修，教学+自学，线上+线下，学习+评价，习得+创新，劳动+活动，准备+体认，展示+比赛”的“8+”劳动教育实施路径。

（二）“引入·析出”的劳动心理学理论支撑体系

劳动心理学形成于20世纪初，主要研究人在劳动过程中心理活动的特点及其规律，研究内容包括劳动作业、劳动负荷、疲劳与休息、劳动情绪、脑力劳动特征、劳动安全事故及预防等问题，为提高劳动生产率、保障劳动者的健康和安全提供服务。我国的劳动心理学起步较晚，直到20世纪50年代才有所发展，遵循从群众中来到群众中去的路线，尊重普通劳动者的智慧和创造性，研究成果主要集中在操作方法、事故预防、劳动技能学习和创造性活动四个方面。随着科技的进步和劳动方式的转变，劳动心理学自身知识体系渐趋复杂和深化。

劳动教育过程中，大学生在环境、生理和心理上经历着多方面的变化，为了更好地激励大学生积极参与劳动教育、体认劳动，池州学院劳动素养教育研究团队自2014年开始关注劳动心理学，以劳动心理学为理论基础，科学设计和指导劳动素养教育实践。劳动心理学是劳动素养教育的科学支撑，可以将劳动心理学已有研究成果指导融入劳动教育实践，科学组织实施劳动教育，激发大学生参与劳动教育、体认劳动的积极性，调节学生的劳动适应性，帮助学生抵御劳动安全风险。同时，可以对大学生劳动心理与现象、劳动教育规律进行积极总结，析出并丰富劳动心理学理论和成果。

1. 指导实践

劳动心理学的研究内容主要包含人对劳动的适应、劳动条件对人的适应以及人—机—环系统的和谐发展。创造性思维活动规律也是劳动心理学研究的重要内容。池州学院在开展大学生劳动素养教育过程中，充分分析劳动心理学已有研究成果，用以指导大学生劳动素养教育的内容设计、实施方式和劳动组织以及安全管理等。内容包括：借鉴劳动心理学的研究成果，关注学生的劳动情绪变化，注重情绪劳动能力培养；根据劳动内容和学生实际设置劳动负荷标准，交错安排不同性质的劳动内容，有序组织劳动和休息（静止休息和活动性休息），以防止学生过度疲劳；注重教育者崇拜效应，要求劳动指导教师全程跟进指导和参与劳动实践；对劳动教育内容、实施和评价实行闭环设计，不断强化学生体认劳动的收获。

2. 成果融入

生物节律、劳动安全与事故预防等是所有劳动者必须具备的劳动常识。职业关键能力是一种普通的、可迁移的、对劳动者未来发展起关键作用的能力，与专业知识、技能无直接联系，但又是完成专业任务的重要能力构成。无论劳动者从事何种职业，都必须具备劳动常识和关键能力。学校借助劳动课和专业课、通识课以及第二课堂等将生物节律、劳动安全教育（事故链分析、事件树绘制等）、时间管理、沟通管理、决策能力、信息技术能力等劳动心理学的研究成果有机融入大学生劳动素养教育，以提高大学生的“多手”劳动能力。

3. 理论析出

劳动心理学研究劳动过程中的人际关系、人机关系、人与工作环境关系以及劳动作业的内容、方式、方法与人的工作效能的关系问题。我们一方面将劳动心理学的这些研究重点纳入劳动素养教育内容，以提升大学生的劳动研究能力和创新创造能力；另一方面，我们一直尝试将劳动素养教育的内容和组织建立在严格的科学基础上，并在劳动素养教育实践中研究劳动教育的组织与安全保障、大学生劳动素养发展规律和大学生创新创造思维发生发展规律，以不断丰富劳动心理学和劳动教育心理学的内容。比如，旅游与历史文化学院根据学院专业特色，组织学生开展家乡创意美食文化（厨艺）大赛，将厨艺、美食文化、历史文化、文化旅游和文创结合起来，将劳动教育与专业教育、创新创业训练结合起来，并借助个案追踪，探究学生创新思维的发生和发展。

（三）四维并进的劳动素养教育目标体系

劳动教育是教育与劳动的过程性统一，具有重要的、不可或缺的工具价值。新时代劳动教育是中国特色社会主义教育制度的基本内容，具有鲜明的思想性和社会性，必须将马克思主义劳动观贯彻始终。

池州学院以劳动认知、劳动情感、劳动意志和劳动行为四个维度构建大学生劳动素养的结构，这四者既相对独立又相互联系，“知”“情”相生，“情”“意”相融，“知”“行”一体。劳动素养的“知、情、意、行”是一个逐步上升并逐步整合的过程。我们设有四个层次的劳动素养教育目标，即价值引领、精神培育、习惯养成、技能提高。当代大学生在劳动素养上存在自我评价过高，且知行不一、眼高手低的普遍现象。我们将四维并进、知行合一作为大学生劳动素养教育的目标，着力全面提升大学生作为个体、家庭人和社会人的劳动素养，努力实现大学生在劳动认知、劳动情感、劳动意志和劳动行为上的统一。我们的劳动教育实践结果调查表明，劳动教育不仅提升了大学生劳动素养四个维度的水平，也促进了知行合一（见图1、图2）。

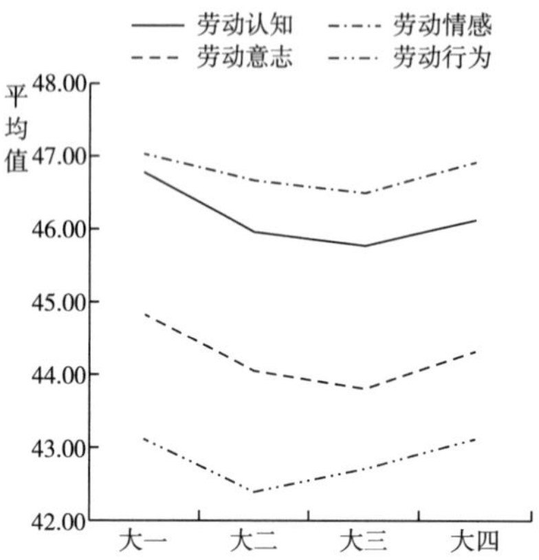

图1　未开设劳动课的年级差异

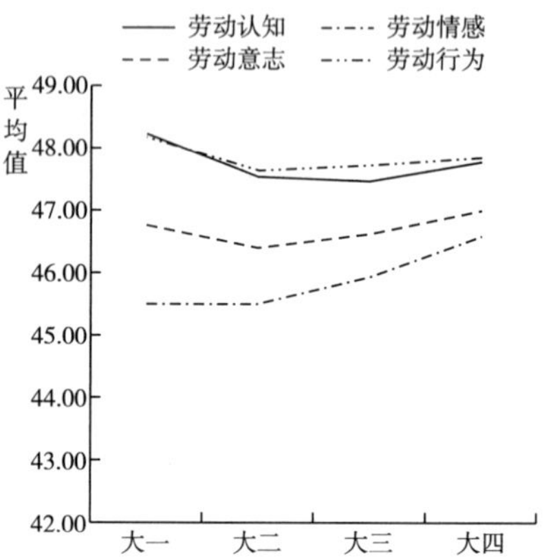

图2　已开设劳动课程的年级差异

（四）“适需·适用”并重的劳动素养教育内容体系

马克思将劳动分为生产劳动和非生产劳动，对于大学生而言日常生活劳动和服务性劳动属于非生产劳动，但是大学生参与的生活劳动和服务性劳动对于社会而言既可能是生产劳动也可能是非生产劳动。面向大学生的生产劳动主要是专业劳动和职业劳动，大学生的专业劳动是职业劳动的预备阶段。大学生要参与真实的生产劳动需要先完成生产劳动准备阶段和生产劳动适应阶段。

池州学院构建了内容涵盖劳动意识教育、劳动常识教育、劳动技能教育和劳动体认教育的“准备+体认”“必修+选修”劳动素养教育内容体系，突出生产劳动准备（见表1）。一方面要求在专业实习实训和实验教学中必须设置专业设备除尘、养护和实验室清洁等内容，并组织学生轮流值日，参与专业生产准备性劳动；另一方面，将时间管理、自我管理、礼仪、化妆、服饰搭配、办公软件使用、文案写作与活动策划等关键劳动能力纳入大学生劳动素养教育内容体系，注重发展学生的定向活动，使学生多掌握原则、方法、理论，以获举一反三之效，这样可以缩短学习时间，提高质量，使学生具有多方面准备，可以从事多种职业。对于通用的职业劳动技能，学校允许学生根据自己需要和兴趣进行选修。

表 1　池州学院大学生劳动素养教育内容体系

<table>
<tr><td rowspan="2">基本内容</td><td colspan="2">具体内容</td><td>备注</td><td>要求</td></tr>
<tr><td colspan="2">劳动意识</td><td>劳动与劳动科学、劳动教育思想等</td><td>必修</td></tr>
<tr><td rowspan="6">生产劳动（专业/职业劳动）</td><td rowspan="3">生产劳动准备</td><td>生产劳动常识</td><td>职业道德、行业劳动标准、行业安全、行业法律法规等</td><td>必修</td></tr>
<tr><td rowspan="2">生产劳动技能</td><td>专业劳动技能（专业设备除尘、养护等，生产工具与操作规范熟练、劳动安全防护等）</td><td>必修</td></tr>
<tr><td>通用职业技能（时间管理、自我管理、沟通管理、信息技术、社交礼仪等）</td><td>类内选修</td></tr>
<tr><td rowspan="3">生产劳动体认</td><td>真实生产劳动</td><td>专业实习</td><td rowspan="3">类内选修</td></tr>
<tr><td>生产工具创新</td><td rowspan="2">劳动三创（创新、创意、创造）</td></tr>
<tr><td>生产程序创新</td></tr>
<tr><td rowspan="5">日常生活劳动</td><td colspan="2">生活劳动常识</td><td rowspan="2">生活常识、洒扫庭除、物品选购、行李收纳、简单厨艺、服装搭配等</td><td rowspan="2">类内选修</td></tr>
<tr><td colspan="2">生活劳动技能</td></tr>
<tr><td colspan="2" rowspan="3">生活劳动体认</td><td>个人生活体认（内务等）</td><td>必修</td></tr>
<tr><td>学校生活体认（校园环境卫生等）</td><td>类内选修</td></tr>
<tr><td>家庭生活体认（厨艺等家务劳动）</td><td>类内选修</td></tr>
<tr><td rowspan="2">服务性劳动</td><td colspan="3">专业服务性劳动</td><td>类内选修</td></tr>
<tr><td colspan="3">一般服务性劳动（社会实践、公益劳动等）</td><td>类内选修</td></tr>
</table>

任何劳动实践都离不开理论指导和知识储备，劳动者必须掌握生产劳动技术才能参加工作。实演思维活动的特点在于确定计划与生产过程实际进程之间的相适应性。我们使用实演思维活动培养学生的计划、组织、检查和调节能力。我们在劳动课中设置冰山理论、墨菲定律、事件树等劳动安全与事故预防的基本知识内容，并要求在专业实践实训课程中设计事故链分析的内容，不断强化学生的正向安全行为和安全防护意识，提高学生的生产事故管理能力。

（五）“一核三环”的劳动素养教育课程体系

池州学院形成了以专设劳动课为核心，专业课程、公共课程和第二课堂为同心圆的一核三环、三循环课程体系。学校将劳动素养教育和课程思政一并纳入专业课程和公共课程教学中，形成劳动素养教育的融合课程环，全方位强化劳动素养的养成性。

表2　池州学院关键能力教育内容的依托课程分布

<table>
<tr><th colspan="2">教育内容</th><th>依托课程</th><th>学期</th></tr>
<tr><td colspan="2">沟通管理（听、说、读、写）</td><td rowspan="4">生涯规划与就业素养</td><td rowspan="4">4/6</td></tr>
<tr><td colspan="2">决策管理
（提出问题、确立目标、设计和选择方案、决策评估）</td></tr>
<tr><td colspan="2">职业兴趣与倾向</td></tr>
<tr><td colspan="2">社交礼仪</td></tr>
<tr><td colspan="2">自我管理</td><td rowspan="4">心理健康素养</td><td rowspan="4">1~2</td></tr>
<tr><td colspan="2">时间管理
（麦肯锡30秒电梯理论、时间象限法等）</td></tr>
<tr><td colspan="2">情绪劳动</td></tr>
<tr><td colspan="2">个性差异与管理</td></tr>
<tr><td colspan="2">信息技术（信息获取、传递、处理、再生和利用）</td><td>科学素养/数据素养</td><td>1</td></tr>
<tr><td colspan="2">劳动思想和劳动文化</td><td>传统文化素养</td><td>3</td></tr>
<tr><td colspan="2">策划文案写作</td><td>文学素养</td><td>3</td></tr>
<tr><td colspan="2">社会责任与职业道德</td><td>德行素养</td><td>1~4</td></tr>
<tr><td colspan="2">生物节律（昼夜节律、PSI周期）</td><td>身体素养</td><td>1~4</td></tr>
<tr><td colspan="2">创新意识与创造思维</td><td>创新创业素养</td><td>5</td></tr>
<tr><td rowspan="3">劳动安全</td><td>事故链、30分钟效应</td><td>专业课程</td><td>1~8</td></tr>
<tr><td>劳动负荷、劳动疲劳与休息
（莫法特休息法等）</td><td rowspan="2">劳动素养</td><td rowspan="2">2~3</td></tr>
<tr><td>海恩法则、墨菲定律、事件树</td></tr>
</table>

专设的劳动课程是劳动素养教育的核心，也是劳动价值观教育的主要形式。专设劳动课是指原来未纳入其他课程体系和第二课堂的、为劳动素养教育专设的课程，主要包括线上线下的劳动意识教育和劳动常识教育。公共课程和第二课堂

课程是主要的劳动教育融合课程，由学校统筹安排和管理，形成全校大循环。例如，每个学期初由后勤集团、图书馆、团委、马院等联动单位列出一个学期的劳动教育实践任务，由教务处统筹安排学院各班级依次进入循环圈。依托专业课开展的劳动教育由二级学院统筹管理，形成学院循环，由学院实验实训中心罗列出学期专业劳动实践任务，各专业学生轮流进入循环圈。专设劳动课以零整结合的劳动周实现班级循环。为了能有效协调学校大循环和学院循环，劳动周允许演变成劳动月，允许学生在一个月的时间内，完成专设劳动课规定的所有劳动任务。

社会越是发展，越是要强调安全生产。人的不安全行为是最主要的事故原因，经验、年龄、人格特质和疲劳程度是影响事故发生的主要因素。因此，高校劳动安全教育既要增强学生的劳动安全防护意识，也要提高学生安全生产的意识，强化安全行为。为了有效地进行劳动安全和事故防护教育，我们充分利用学校的“一核三环”课程体系，在身体健康素养课程中教授学生生物节律知识，并学习统计和推算个体生物节律；在专业实践和实训课上学习30分钟效应、实践事故链分析，通过安全规程集体朗诵、安全操作承诺、学习小组专设安全员等强化学生的安全行为和安全规范习得；在心理健康素养课上分析个性特征，提高学生的定向规避事故风险意识；在劳动素养课上讲解海恩法则（冰山理论）、墨菲定律和事件树绘制方法等。通过各类依托课程的零整结合开展劳动安全与事故防护教育。

（六）“8+”劳动素养教育综合实践体系

池州学院已经初步建立起“必修+选修，教学+自学，线上+线下，学习+评价，习得+创新，劳动+活动，准备+体认，展示+比赛”的大学生劳动素养教育实施体系。将劳动意识教育、劳动常识教育和劳动技能教育的部分内容建成网络教学资源，供学生自学选修。集中开展的劳动理论教育也多在学校微格教室完成，以便实现优质教育资源共享。将劳动实践与相关活动尤其是校园文化活动结合起来，要求每种教育类型和内容都有成果展示或专项比赛，通过记录学习过程和表现对学生的劳动素养教育进行综合评价，按照集中管理和自由选择两种形式组织劳动教育实践，并积极开展校企合作、校地合作劳动育人。

学校的劳动教育已经充分融入学生生活，以丰富多彩的形式开展起来。例如地理与规划学院开展了“‘疫’起劳动，阳光逐梦”劳动主题教育活动，艺术与教育学院成功举办了劳动技能系列比赛，旅游与历史文化学院开展“家乡创意美食文化”劳动素养教育活动，马克思主义学院（法学院）开展“热爱生活，劳动最光荣”主题团日活动。

（七）“五层共管”的劳动素养教育管理体系

学校已经初步构建学校总管、教务处主管、二级学院分管、各部门协管（部门联动）、校地共管（实习管理）的五层劳动教育管理体系。

学校成立了党委领导校长负责的大学生劳动素养教育领导小组，各二级学院成立了工作小组，为劳动素养教育提供组织保障。学校设有大学生劳动素养教育专项经费和专项研究经费，为劳动素养教育提供经费保障。学校出台了大学生劳动素养管理规定和实施细则等制度文件，制定了劳动素养教育课程标准和质量保障方案，为劳动素养教育提供制度保障和质量保障。学校建有劳动教育应急预案，在劳动教育组织过程中采用先合后分，先知后行，先集中讲解和警示、后操练和实践的方式，强化劳动安全保障。同时，学校鼓励学生依托学生社团或学业导师小组成立“生产队”，积极开展创新创业训练，促进了学生个性化全面发展。

（八）“过程·效果”齐抓的劳动教育评价体系

劳动素养教育是养成性教育，我们为大学生德智体美劳全面发展努力创设良好的教育生态环境，构建了以过程表现和终结收获为主要指标的劳动素养教育评价体系，采用多元评价，将知识技能获得、创新创造成果、专项比赛成绩、劳动实践表现等全部纳入考核范围，成绩计入综合测评，并将劳动素养作为评奖评优等工作的重要参考。

（九）“上手—适应—创新”的劳动全过程创新能力培养体系

在知识经济社会，虽然对工人技能的要求下降了，但对工人应变能力和创新能力的要求更高了。创新是高校劳动教育的核心特质，创新创造思维也历来是劳动心理学的主要研究内容。

1. 改良劳动工具，优化操作方法

劳动工具的质量是劳动效率的重要因素。制造工具和使用工具是人类劳动区别于动物活动的最重要的标志。因此，我们将生产工具的改良和创新纳入劳动素养教育的内容，要求学生观察分析生产工具（机器设备、仪表设计等）是否符合人的生理、心理特点，是否让人容易感知、理解和传达信息，检查设备、管路等有形物资的外形、着色、标志等基本设计是否科学合理，并根据劳动实践提出生产工具改良和创新的方案。每种生产劳动都有它的操作方法，在一定条件下进行取消、合并或改进，可以组成更高效率的操作方法。劳动教育中学校要求学生合理安排自己的操作活动，寻找操作活动的规律性节奏。

2. 分析事故原因，探寻预防措施

多数事故的发生是有关人的原因所造成的，但人的原因是和物质设备条件与制度组织及技术措施分不开的。因此，劳动教育中不但要加强安全教育，还要引导学生从劳动组织制度和技术措施上分析改进那些容易使人发生安全事故的客观条件，以避免事故发生。我们将劳动安全与事故防护的内容有机融入通识课程和专业课程中，带领学生学习劳动安全基本常识，使用事故链、事件树、劳动隐患登记排除法等分析劳动安全事故。师生一起分析事故并讨论防护办法，使学生更容易形成深刻印象，也更容易执行讨论过的办法以防止事故。

3. 投身创新实践，取得创新成果

创造活动是极为复杂的心理活动。对于创造活动的研究每进一步，就会使心理学的水平提高一步，也就能更好地促进发明创造。劳动心理学的研究表明，发明创造是可以由集体负责，按计划和布置、用突击方式在规定期限完成的。大学生作为未来的国家建设者和接班人，其创新创造思维发展是劳动素养教育的核心内容。我们要求学生积极参与创新创业训练，在生活劳动、生产劳动和服务性劳动环节中都要完成劳动三创（创新、创意、创造），并将成果整理展示，尤其重视理工科学生创新成果的生产转化和人文社会学科学生原创作品的产权保护和成果推广。

三　池州学院大学生劳动素养教育改革展望

（一）关注大学生劳动素养教育的养成性，制定分步实施方案

大学生劳动素养教育是养成教育，我们设有四个层次的劳动素养教育目标，即价值引领、精神培育、习惯养成、技能提高。当前大学生劳动素养教育正处于青黄不接的尴尬阶段，所以应该分两步走，第一步查漏补缺，全面提高在校大学生和未来几级大学生的劳动素养，涉及劳动意识教育、生活劳动、社会劳动、专

业劳动和职业劳动，此阶段的教育目标是培养合格社会劳动者和培育优秀专业/职业劳动者；第二步是待小中大劳动素养教育顺利衔接之后，主推大学生职业劳动素养和优秀公民社会劳动素养，此阶段的目标是培养优秀的社会劳动者和卓越的劳动创造者。

（二）重视大学生劳动素养教育的繁杂性，创设教育生态环境

大学生劳动素养教育是一项系统、复杂、长期的工程，需要精细谋划，缜密实施，只有将大学生劳动素养教育充分融入大学生的学习和生活，创设全员参与的生态教育环境，大学生劳动素养教育才能够真正得以实施，并取得实效。学生也只有在良好的教育生态环境中才能充分参与、主动参与、茁壮成长。

因此，大学生劳动素养教育需要完善培养方案，做好改革统筹与协调；要明晰劳动素养教育的分工，加强分工与合作；要求相关部门行动统一，加强联动；要以线上线下相结合方式打造劳动课“金课”，实现课程引领；要建立综合评价机制，实现评价导向；要在大学生科技文化艺术节中增加劳动技能比赛，开展“劳动之星”评选，做到活动支撑；要理论讲授与实践技能提升相结合，达到“理实相助”；要劳动周集中教学与年分散教学相结合，践行“周年互证”；要劳动素养和劳动习惯养成从大一贯穿到大四，实现“一四贯通”。

（三）兼顾大学生劳动素养教育的双面性，显性设计隐性实施

大学生劳动素养教育是养成教育，既要求学生在有形可见的辛苦劳动中亲自动手，流泪流汗，也要引导学生体验劳动的艰辛，品味吃苦耐劳、苦尽甘来，还要给学生创造亲验劳动、萌发创新创造的机会，更要通过教育的形式提高大学生隐形的劳动意识和劳动精神。因此，在开展大学生劳动素养教育过程中要注意显性教育与隐性教育相结合，隐性教育内容要注意显性设计与隐性实施相结合，力求做到春风化雨、追求实效，也要润物有声，让学生的成长掷地有声，清晰可见。

（四）突出大学生劳动素养教育的融合性，五育融合并举共生

大学生劳动素养教育既有专门的课程，也需要全面融入大学生活和学习全过程，并与德智体美四育深度融合，共荣共生一起发展。五育之间是相对清晰绝对

融合的关系，彼此互相渗透，很难截然分开，但是为了保证大学生劳动素养教育的真正落实，需要在课程设置或教育内容设计时明确劳动素养教育的显性和隐形目标，注意其与德智体美四育相对清晰的界限，但是在实施过程中充分发挥隐形教育的功能，切实促进大学生综合素养的全面提升。

（编辑：曲霞）

Design and Practice of Labor Literacy Education for Chizhou University Students

Huang Guoping, Liu Yourong, Shen Lili

Abstract: The labor literacy of university students is composed of four dimensions: labor cognition, labor emotion, labor will and labor behavior. The goal of labor education in universities is to advance in four dimensions and integrate knowledge with practice. Using labor psychology to guide the labor education practice in colleges and universities can not only provide guarantee for the implementation of labor education, but also carry out theoretical analysis and enrich the content of labor psychology. The labor education of college students is formative education, which must be fully integrated into university life.

Keywords: Labor Education; Labor Literacy; Labor Psychology; Labor Course

劳以笃行，创以致远

——一所城市新建小学对劳动教育的系统设计与常态化推进

邹贤莲　唐梦菁　张琬云

【摘　　要】 重庆两江新区行远小学是一所地处国家级开发开放新区的城市新建小学。学校围绕“劳以笃行，创以致远”的劳动课程理念，立足城市新建小学校的资源优势与不足，从顶层设计入手，系统设计劳动课程。以学校文化为引领，明确“3层递进”的劳动课程目标；遵循儿童成长规律，构建“4类10门”劳动课程体系；运用新技术拓展空间，探寻“4融合4混搭”的劳动课程实施路径策略，形成了新建小学校常态化推进劳动教育的有效机制模式。

【关 键 词】 劳动教育；课程体系；新建小学

【作者简介】 邹贤莲，重庆两江新区行远小学校长、书记，中学高级教师；唐梦菁，重庆两江新区行远小学学生成长部副主任；张琬云，重庆两江新区行远小学劳动课程项目组成员。

重庆两江新区行远小学校（以下简称“行远小学”）于2018年9月开学，是在两江新区“建设高起点，高端化，国际化教育高地”发展思路下应运而生的公办新建学校。学校设小学部和附属幼儿园；师资队伍整体年轻，平均年龄不足28岁，其中11名研究生，团队科研能力强、有活力有创意；学校课程体系完善、区域资源丰富。但在安全环保、心理健康、垃圾分类等各类课程都要求进校、进课堂的现实背景下，新建学校推进劳动教育时，若只做“简单的加法”

“零星的缝补”，将会陷入事倍功半的窘境，极易演变为“走过场、走形式”的浅表应付，并与五育并举的教育方针渐行渐远。针对这一问题，行远小学结合地域校情，从顶层设计入手，以学校文化为引领，遵循儿童身心发展规律，确立了“3 层递进”的劳动教育课程目标，系统设计了“4 类 10 门”的劳动教育课程体系内容，通过新技术赋能、拓展时空，创新推行“4 融合 4 混搭”的劳动教育常态实施的路径策略，让劳动课程在这所新建学校中得以常态化推进，有根基、有枝丫、有脉络地茁壮生长。

一　以学校文化为引领，厘清“3 层递进”的劳动教育课程目标

教育实践是扎根于每所学校独特的历史、文化、特色之背景脉络中的。学校课程与学校文化就好比水与土，紧密相连，它们是滋养师生成长的土壤，只有它们紧密结合在一起生命才能茁壮成长。劳动课程的系统设计，自然需以学校文化为引领，让其与学校大场域中的其他因素紧密相连，融汇共生。

行远小学校名出自《礼记·中庸》“君子之道，譬如行远必自迩，譬如登高必自卑”，昭示干事创业既要有“登高”“行远”的目标，又要自“卑”处、自“迩”处始的作风。它集中体现了办学者脚踏实地、勇往直前的民族精神和实事求是、真抓实干的时代精神。古语精炼，“行远”校名本身就蕴藏着永不褪色的劳动品质和精神。

建校之初，行远小学便提出了“万物养正，登高行远”的办学理念，确立了“培养全面发展、个性飞扬的未来型小公民”的培养目标，并抓住学生、教师、家长三类核心人群，分别研发实施学生砺行课程、教师修远课程、家长共进课程，以此为载体提出了“天天向上，实现每个梦想”的学生文化、“孜孜以求，濡养每个生命”的教师文化、“切切关爱，幸福每个家庭”的家校文化，三个维度的主题文化驱动着学生成长、教师发展、家长共进，并构建了家、校、社三空间融合的行远智慧教育。同时，学校选取“朝向更高更远更辽阔”的大雁作为学校吉祥物，期待“胸怀目标骋志高远，冬去春来从不失信，持之以恒驰而不息，结伴远行高效合作，组织严密领航共进，展翅千里行远致道”的大雁精神成为每个行远人的内心追求。

（一）树立“劳以笃行，创以致远”的课程理念，丰盈学校文化体系，为劳动教育塑魂

过去的劳动教育，有着浓浓的农耕文明特点，以吃苦耐劳为目标；新的时代，要求劳动教育直面未来的生活。2020年3月，中共中央、国务院印发《关于全面加强新时代大中小学生劳动教育的意见》（以下简称《意见》），强调新时代大中小学劳动教育要体现时代特征。

面对劳动教育新内涵，行远小学秉承“万物养正，登高行远”的办学理念，以两江新区智慧教育纵深发展为抓手，从生活中挖掘、拓展课程资源，利用学校设有23项功能区的基础条件，配备AI机器人、3D打印机、纳米智能黑板等先进教学设备的优势，树立了“劳以笃行，创以致远”的劳动教育课程理念。“劳以笃行”回应学校真抓实干、脚踏实地的精神基因，将劳动课程融进学生的具体日常。“创以致远”则面向未来，充分利用两江新区智慧教育技术优势和资源优势，聚焦提高学生创造性劳动能力，努力培养五育并举的时代新人。“劳以笃行，创以致远”的劳动教育课程理念，与“智从生活来，慧到生活去”的行远智慧课堂理念，与“万物养正，正德正行”的行远德育理念，与学生文化、教师文化、家校文化等一道，丰盈着学校文化体系，为劳动教育塑魂。

（二）设计“三层递进”的课程目标，夯实学校培养目标，让劳动教育扎根

《意见》指出：“把劳动教育纳入人才培养全过程，贯通大中小学各学段，贯穿家庭、学校、社会各方面，与德育、智育、体育、美育相融合，紧密结合经济社会发展变化和学生生活实际，积极探索具有中国特色的劳动教育模式，创新体制机制，注重教育实效，实现知行合一，促进学生形成正确的世界观、人生观、价值观。”这充分说明，劳动教育具有全人教育的重要价值，不仅具有培养人的劳动素养的重要功能，也是促进学生健康成长的必由之路。基于此，行远小学的劳动课程从目标、内容、实施、评价等方面系统设计，将其融进学校各类课程，贯通落实，设计了“三层递进”式劳动教育课程目标。

第一层，劳动教育课程总目标。新时代社会劳动形态发生了深刻变化，创造力是未来的关键生产力，也是生命成长的核心要素。“劳以笃行，创以致远”既

是课程理念更是课程目标，它与学校文化体系融在一起，夯实“培养全面发展、个性飞扬的未来型小公民”的学校培养目标。

第二层，劳动教育课程分阶目标。大雁是学校的吉祥物，学校将劳动课程划分为雁启、雁志、雁行、雁扬四类，寓意生命成长的轨迹，对应启蒙劳动意识、体会劳动光荣、养成劳动习惯、提高劳动创造能力四阶目标，层层递进，关注各学段学生不同的成长需求。

第三层，劳动教育课程分门目标。教育部印发《大中小学劳动教育指导纲要（试行）》（以下简称《指导纲要》），提出劳动教育目标框架应包含树立正确的劳动观念、具有必备的劳动能力、培育积极的劳动精神、养成良好的劳动习惯和品质四个方面。基于此，学校将“劳以笃行，创以致远”的劳动教育课程目标细化为启蒙劳动意识，传承劳动文化，弘扬劳动精神，体认劳动尊重，献力劳动公益、历练劳动品质，培养劳动技能、担当劳动责任、丰富劳动体验，发现劳动潜能，发展劳动专长，激发劳动创造，感受劳动幸福 10 门课程目标（见图 1），并对应设置劳以养正课、劳动旧时光、劳模人物志、榜样导引课、五一劳动周、劳动志愿岗、劳动锻炼营、劳动“5+2”、劳动 AI 创想、群英劳动荟 10 门课程。

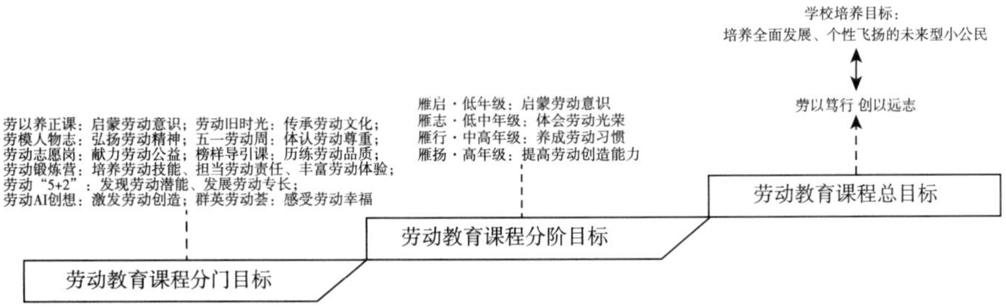

图 1　行远小学“三层递进”式劳动教育课程目标示意

二　遵循儿童成长规律，构建“4 类 10 门”的劳动教育课程体系

“教育的本质是生命教育。”只有遵循儿童身心特征，符合学生成长规律的课程设计才具有生命力。劳动课程是一门实践性很强的学科，尤其要注重儿童个体身心发展所具有的顺序性、阶段性、不平衡性、互补性及个别差异性。

《意见》强调:“劳动教育是国民教育体系的重要内容,是学生成长的必要途径,具有树德、增智、强体、育美的综合育人价值”,揭示了五育之间的内在联系与相互融合、相互促进的发展规律。学校围绕以劳育人的核心观念,遵循“以劳树德、以劳增智、以劳强体、以劳育美、以劳创新”的课程旨归,将劳动课程划分为雁启、雁志、雁行、雁扬四类逐层递进的主题课程,并关照6~12岁儿童的身心特征。同时对应设置劳以养正课、劳动旧时光、劳模人物志等10门课程(见表1)。

表1　行远小学“4类10门”劳动课程体系

<table>
<tr><th colspan="2">课程名称</th><th colspan="2">课程理念</th><th>课程价值</th><th>课程设置</th><th>课程年段</th><th>课程类型</th></tr>
<tr><td rowspan="2">雁启</td><td>劳以养正课</td><td colspan="2">适应新生活
养成好习惯</td><td>启蒙劳动意识</td><td>入学第一周</td><td>一年级</td><td>必修</td></tr>
<tr><td>劳动旧时光</td><td colspan="2">追忆旧时光
启迪新智慧</td><td>品味劳动审美
传承劳动文化</td><td>每期一次主题融合课</td><td>一至二年级</td><td>必修</td></tr>
<tr><td rowspan="4">雁志</td><td>劳模人物志</td><td colspan="2">从小学先锋
长大做先锋</td><td>弘扬劳动精神</td><td>每期一次主题融合课</td><td>一至四年级</td><td>必修</td></tr>
<tr><td>榜样导引课</td><td colspan="2">时时做好自己
争当学长榜样</td><td>历练劳动品质</td><td>一期一次</td><td>三至六年级</td><td>选修</td></tr>
<tr><td>五一劳动周</td><td colspan="2">劳动最光荣
劳动最美丽</td><td>体认劳动尊重</td><td>一年一次</td><td>一至六年级</td><td>必修</td></tr>
<tr><td>劳动志愿岗</td><td colspan="2">建设新重庆
我来出份力</td><td>献力劳动公益</td><td>寒暑假1+2小课题</td><td>五至六年级</td><td>必修</td></tr>
<tr><td rowspan="2">雁行</td><td rowspan="2">劳动锻炼营</td><td>每日家务半小时</td><td>动动手,帮着干,家里的事情要分担</td><td>培养劳动技能</td><td>每日半小时</td><td>三至六年级</td><td>必修</td></tr>
<tr><td>每周校园劳动日</td><td>出出力,流流汗,热热闹闹一起干</td><td>担当劳动责任</td><td>每周三
下午劳动课</td><td>三至六年级</td><td>必修</td></tr>
</table>

续表

课程名称		课程理念		课程价值	课程设置	课程年段	课程类型
雁行	劳动锻炼营	每期研学周	敢尝试，勤锻炼，知行合一方致远	丰富劳动体验	一期一次（先导、体验、展示）	三至六年级	必修
	劳动“5+2”	校内社团课	让兴趣与我作伴	发现劳动潜能	周一至周五下午社团 1 小时	一至六年级	选修
		校外生活课	让技能与我同行	发展劳动专长	周六、周日	一至六年级	必修
雁扬	劳动 AI 创想	处处是创造之地 天天是创造之时		激发劳动创造	一周两次	五至六年级	选修
	群英劳动荟	劳动实现梦想 劳动创造未来		体现劳动价值 感受劳动幸福	一年一次	六年级	必修

（一）劳动雁启课程

雁启课程对应小学低年级，“启”即为启程出发之意。低年级学生的注意力具有灵活性及转移性特征，思维方式主要为具体形象思维，因而雁启阶段的劳动课程以日常生活劳动为主，让学生动手实践、出力流汗，主要目的在于启蒙劳动意识，让学生日常生活自理，感知劳动乐趣，明白人人都要劳动的道理。“雁启”对应的是启蒙劳动意识类课程，包含劳以养正课、劳动旧时光 2 门课程。

1. 劳以养正课

为一年级新生开设。入学第一周，以适应新生活、养成好习惯为目标，通过线下班会课、实操课等方式让孩子在入学之初培养良好的习惯、校园生活能够自理，启蒙劳动意识，为孩子奠定劳动根基。课程内容包含“菁菁校园”“欣欣课堂”“彬彬有礼”三项主题，涵盖校园生活的方方面面（见图 2）。

2. 劳动旧时光

为小学低段学生开设，以追忆旧时光、启迪新智慧为目标，通过主题融合课

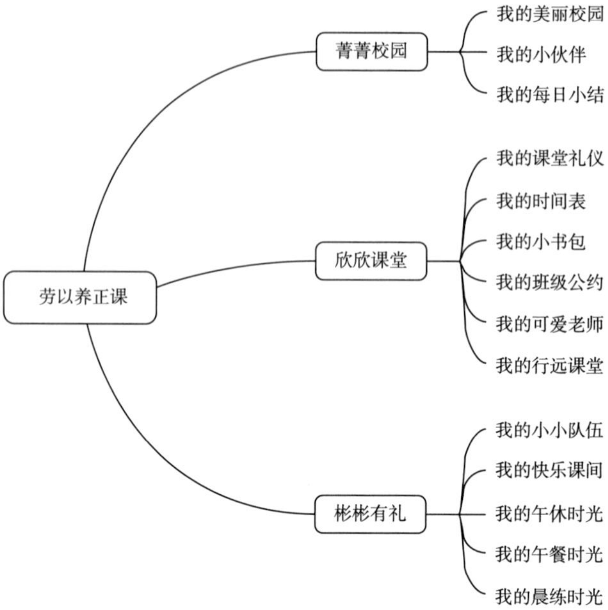

图2 行远小学劳以养正课程体系

的方式，启蒙劳动意识，感知不同时代的劳动智慧，传承劳动文化。学校专项建设“劳动旧时光长廊”，陈列旧时劳作工具100余件，全天候向学生开放，定期由中高年级学生做小导游，介绍旧时劳动工具的名称及用途。

（二）劳动雁志课程

雁志课程侧重为小学低中年级学生开设，含有立志之意。三至四年级学生思维方式由具体形象思维向抽象思维过渡，此阶段的劳动课程设计注重卫生、劳动习惯的养成，从弘扬劳动精神、历练劳动品质、体认劳动尊重、献力劳动公益，培养学生正确劳动价值观和良好劳动品质。“雁志”对应的是体会劳动光荣类课程，包含劳模人物志、榜样导引课、五一劳动周、劳动志愿岗。

3. 劳模人物志

面向一至四年级学生，通过每期一次的主题融合课，选取劳动楷模的先进事迹，体会劳动精神，弘扬劳动精神。低年级通过劳模的精神事迹感知劳动乐趣，懂得幸福生活是奋斗出来的，懂得帮助身边的人主动分担力所能及的事情。中年级重点培养自觉劳动、自愿劳动、踏实肯干的劳动习惯和品质，以劳树德，以劳育美，用劳动成果奉献他人和社会，形成坚韧不拔的劳动意志和劳动品质。

4. 榜样导引课

为三至六年级学生开设，每学年从养良习、修美德、勤锻炼、博学闻、善合作、敢创造六个方面遴选出学长榜样，以学生引导学生，发挥榜样的力量。针对中高学段特征，分别设置榜样成长营、榜样志愿岗、榜样小讲堂课程。榜样成长营，中年级以自身经验、成长经历，帮助幼儿园大班学生完成幼小衔接课程、学习校园日常生活劳动技能；榜样志愿岗，中、高年级榜样均可参与，设立新生报名引导、社区公益活动等志愿服务项目；榜样小讲堂，针对高年级开设，根据自身特长开设学长社团、申报学长讲堂，在每年 11 月榜样月开展学长论坛。

5. 五一劳动周

面向一至六年级开设，每学年围绕五一劳动节开展各类劳动主题活动，体认劳动尊重。低年级学生通过五一劳动周主题活动，了解热爱中华民族的劳动美德，在具体的劳动中出力流汗，从劳动中体验快乐。中、高年级学生在低年级的基础上递进升级，通过真实劳动情景，在新技术背景下让学生亲身经历劳动项目，激发学生团结协作能力和创新精神，促进全面发展。

6. 劳动志愿岗

重点针对五至六年级学生开设，自愿参与各类社会实践。劳动志愿岗包含班级清洁维护、非正式学习区清扫、阅览室整理、植物认领、动物认养等内容。这样的课程设计，让学生从入校开始便参与劳动分担，主动维护教室内外环境卫生。到高年级，参加社区环保、公共卫生等力所能及的公益劳动，增强公共服务意识，初步体验种植、养殖、手工制作等简单的生产劳动，学会与他人合作劳动和生活自理，珍惜劳动成果，自主参与学校管理。

（三）劳动雁行课程

雁行课程侧重对应中高年级学生，意为成长砺行。五、六年级学生的思维方式从具体形象思维到抽象思维再逐渐向逻辑思维过渡，此阶段课程以简单的生产劳动和适当的服务性劳动为主，旨在培养劳动技能、担当劳动责任、丰富劳动体验、发现劳动潜能、发展劳动专长，重点强化实践体验，让学生亲历劳动过程，学会与他人合作劳动，体会到劳动光荣。“雁行”对应的是养成劳动习惯类课程，包含劳动锻炼营、劳动“5+2”。

7. 劳动锻炼营

主要针对三至六年级开设，其中包含每日家务半小时、每周校园劳动日和每期研学周。每日家务半小时，以“动动手，帮着干，家里的事情要分担”为目标，通过每日半小时的家务劳动培养劳动技能，体悟劳动快乐，培养学生的劳动习惯；每周校园劳动日以“出出力，流流汗，热热闹闹一起干”为目标，每周三下午全校动员，担当劳动责任，学会与他人合作劳动，体会劳动光荣，树立崇尚劳动的劳动价值观；每期劳动研学周包含先导课、体验课、展示课，一期一次，以“敢尝试，勤锻炼、知行合一方致远”为目标，通过情景式、探究式、体验式劳作，丰富劳动体验，提升劳动素养。

8. 劳动“5+2”

是指一周“校内劳动5天+居家劳动2天”，其内容包含校内社团课和校外生活课，为低中高年级学生开设。校内社团课通过每周一至周五下午一小时的社团课程，发现学生的劳动潜能。低年级校内社团课主要包含手工劳艺类，如剪纸艺术、轻泥DIY、手工编织；中年级校内社团课主要包含角色体验类和实践类课程，如小绿萝新闻站、物管大师、烹饪体验、园艺栽培、摄影艺术等；高年级校内社团课包含创作类劳动课程，如AI雁扬班（编程课）、金工木工、3D打印、视频编辑等。

校外生活课则通过周六、周日的劳动生活课发展劳动专长，让技能与我同行。低中年级校外生活课主要完成个人物品整理、清洗，进行简单的家庭清洁和垃圾分类；中年级校外生活课要求学生每年学会1~2项生活技能，增强生活自理能力和勤俭节约意识；高年级校外生活课要求学生能做到生活自理，适当参与公共劳动服务，尝试参与简单的生产劳动。

（四）劳动雁扬课程

雁扬课程对应五至六年级学生，“扬”意为展翅翱翔。此阶段的课程旨在激发学生劳动创造、体现劳动价值、感受劳动幸福，驱动学生毕业后更多参加校内外公益劳动，强化劳动意识，培养科学精神，提高创造性劳动能力，为即将开始的初中学习、生活、劳动做准备。“雁扬”对应的是劳动创造类课程，包含劳动

AI创想和群英劳动荟，充分发挥劳动教育的综合育人价值，让学生在多样化的劳动课程中认知、体验、探究、创造。

9. 劳动AI创想

重点针对小学高段学生开设，以“处处是创造之地，天天是创造之时”为目标，通过一周两次的劳动AI课程激发学生劳动创造力。设计先导课程，通过AI积木搭建、模型制作、智慧劳动技能比赛等，让学生感悟劳动新形态，通过AI编程清扫机器人、3D打印劳动工具、激光雕刻等活动，链接未来，培养学生综合运用科学知识、融汇书本与实践知识的能力，提升合作、动手实践能力，以适应快速变化的社会生活、职业世界和个人自主发展的需要。

10. 群英劳动荟

面向六年级学生开设，每年开设一次，以“劳动实现梦想，劳动创造未来”为目标，从自然、社会、科技、未来、家庭、个人等方面综合开展各类主题活动，通过劳动作品展、劳动技能成长大赛、劳动精神人物评选和传承仪式等活动，展示学生六年劳动课程学习成果，体现劳动价值、感受劳动幸福，让勤俭、奋斗、创新、奉献等劳动精神得以传承。

三　运用新技术拓展时空，探寻“4融合4混搭”的劳动教育常态化实施的路径策略

劳动课程要落地，“谁来上”“上什么”“在哪里上”“怎样上”都是亟待明晰的问题。从零开始的城市新建小学劳动教育课程实施面临诸多问题：缺劳动场地怎样拓展延伸？缺劳动资源怎样汇聚共建？缺劳动师资怎样研训与安排？缺劳动底蕴如何找到新学校自身优势和可为空间？缺时间精力师生已经负担累累如何减负增效……新时代新思维，解决系列问题的关键是立足校情实际，回归育人本质，与学校内涵发展深度融通，并运用新技术拓展时空，重塑学校边界，探寻“融合”策略，找到“混搭”路径，才能让劳动课程走出“运动式”的跟风误区，步入常态实施的新轨道。

（一）重内涵融合，探寻劳动教育的实施策略

“融合”一词，在物理层面上，它是指融化成一体；而在心理意义上，它是

指不同的个体、群体在一定的碰撞和接触中，认知、情感或态度倾向融化为一体。这里所指的融合，既包含物理层面的意义，也更多地带有心理意义层面的意义。随着时代的发展，光靠某一种力量是难以走得长远的，融合就在于联结各方面优势力量把效果最优化。在教育实践中，把劳动课程和已有课程等多要素融合，关键在于回归育人本质，运用内涵融合策略。

1. 融入学校文化

在课程理念上，行远小学强调用劳动教育丰盈学校文化；在课程内容上，行远小学强调用劳动教育夯实培养目标；在课程实施上，行远小学强调让“劳以笃行、创以致远”成为一切课程活动的精神内核，始终围绕大雁精神来研发劳动主题活动，让劳动课程主题与学校文化一脉相承，比如开展以“雁儿雁儿追追，快乐六一飞飞”为主题的儿童节劳动课程、以“雁儿飞飞，爸妈追追”为主题的劳动节活动。让劳动教育不仅展示在墙上方案中、停留在师生口头上，更为重要的是扎根在每一位老师、学生、家长的心中，全面融入学校文化体系中，以润物细无声的方式落地生根。

2. 融进学校德育活动

为贯彻落实立德树人根本任务，学校以主题月、主题周整体规划全年德育工作，一月一主题，一周一活动，专门设有五一劳动周、劳动研学周、养正周等劳动教育主题课程，推动劳动教育分层、混龄开展，做到周周有重点，人人都参与。以劳动研学周为例，学校设计农场游园、劳动 DIY、兰花种植、丰收大游园四个篇章，带领孩子到田间寻趣，发现劳动之美，在田间地头增长劳动见识、了解耕作不易、丰富劳动经验、体会劳动乐趣，以劳育德，提升育人实效。同时，学校把升旗仪式、主题班队会、红领巾广播站等德育阵地作为劳动教育的重要载体，常态化开展劳动主题教育活动，让劳动教育不再成为一座孤岛。

3. 融通学校主题课程

合理的课程设置能够促进教育群体的高质量发展。在学校文化引领下，行远小学聚焦传统文化、时代精神、重大节日，学校设置不同的主题课程，并适时将劳动课程融通进学校主题课程体系（见表2）。

表 2　行远小学 2020~2021 学年上学期主题月、主题周课程表

月份	主题月	主题周	活动	项目负责	序言
2 月	雁腾	适应周	养正适应劳动课程	教师发展部	开学早适应，展翅显风采。学期细规划，敏行不自怠。文明养正气，劳动赢未来。
		规划周	我的学期计划	资源服务部	
		文明周	社会主义核心价值观之文明	学生成长部	
3 月	雁行	博闻周	了解两会知识、关注两会、学习雷锋	智慧研创部	博闻广智，分享见闻。千金一诺，诚信为本。拨云见日，恰是春归。始于初春，万物并育。
		诚信周	诚信主题升旗仪式课程、班会	学生成长部	
		觅春周	春日种植课程	教师发展部	
		环保周	地球日主题升旗仪式课程、班会	学生成长部	
4 月	雁翔	缅怀周	清明祭奠亲人、烈士	学生成长部	清明雨上，缅怀先辈。四月如歌，精致悦己。时代赋能，科创争先。菁菁校园，书香盈盈。
		悦己周	校服礼仪、个人礼仪、自我服务劳动	资源服务部	
		科创周	学生 AI 科创大赛、机器人课程	智慧研创部	
		阅读周	阅读分享、阅读日活动	语文组	
5 月	雁鸣	劳动周	五一劳动周、劳动主题融课程	教师发展部	雁鸣五月，劳动最美。感恩母爱，幸福陪伴。防范未然，安全于心，童心同行，未来可期。
		亲子周	母亲节相关活动、感恩母爱	资源服务部	
		安全周	安全演习、安全讲座	后勤保障部	
		六一周	六一节庆祝活动、入队仪式	综合组	
6 月	雁扬	端阳周	了解端午节相关知识、创编端午童谣	智慧研创部	六月收获，喜结硕果。鸿雁在云，志在千里。蛰伏千日，厚积薄发，只待今朝，直上云霄！
		亲子周	父亲节相关活动、感恩父爱	语数教研组	
		骋志周	学年总结、汇演，群英劳动荟	学生成长部	
		爱党周	了解建党历史、庆祝建党节	智慧研创部	

2020年5月，学校以五一劳动节为契机，从劳动发展历史、劳动主题阅读、劳动爱校、劳动爱家、“5+2”劳动实践课、劳动影视课程、劳动时光长廊、行远劳动日、地域劳动文化等角度，通过每天的双师型线上线下劳动主题融合课（即1名导师全校直播，N名助教线下辅导），持续两周让全校师生共同参与，实现了“劳动教育+主题课程≥2”的育人样态。

4. 融贯学生素质评价

为培养全面发展、个性飞扬的未来型小公民，学校将学生的成长目标划分为养良习、修美德、勤锻炼、博学文、善合作、敢创造六个维度，并将劳动素养纳入综合素质评价中，以学生成长记录卡、家务劳动日签（线上）、劳动成果（技能）展示、劳动之星评比等方式开展学生评价，通过行远币进行奖励与兑换，形成“主体多元化、内容多维化、方法多样化”的长效评价机制。

以“每日家务劳动半小时”课程为例，我们主要基于以下几方面开展评价。

（1）通过云平台，记录过程性评价。学校利用云平台，联合家庭，在云端的家校共进圈，每晚7：00~8：00展开家校亲子交流时光，家庭晒劳动、秀作品、问困惑、议热点，师生、生生、亲子间相互点赞、评论，记录学生每日家务劳动半小时成果。

（2）利用行远币，进行阶段性奖励。行远币是学校开展课程评价的具体抓手，根据家校圈每日家务半小时的日签数据，每月对积极参与家务劳动的学生给予阶段性奖励，以激发学生劳动热情。

（3）依托成果展，开展总结性评价。学校定期举办个人劳动技能展和班级劳动成果展。例如疫期居家劳动实践课程中，每班借助学校微信公众号及时发布本班每日家务的劳动成果，增强学生的成就感与参与热情，也凝聚多元群体参与其中。

（二）重外延混搭，探寻劳动教育的实施路径

在这个快速变化的新时代，结合“融合态”的架构，劳动课程实施需要改变单一的用人模式、教学模式、学习方式、课程设置，实现多群体共创，人尽其才；多时长共生，时尽其效；多课型混搭，生尽其能；多场域共享，地尽其利，朝着课程设计者要实现的目标去实施。

1. 师资混搭

作为一所新建学校，教师团队主要由引进、选调、应届毕业生组成，其中新入职教师占比一半以上，学校教师偏年轻化，教师没有劳动教育背景及经验，缺乏劳动教育教学的专业素养和基本技能。同时，学生人数每年不断增长，各岗位都需要人，受 19∶1 的师生比限制，在短时无法解决专业劳动课程师资配备的境况下，师资混搭、人尽其才是最优的方式。

教师跨学科、跨年段搭配，整合语文、数学、英语等学科课程中有关劳动教育的知识及资源，提炼学科教学中遇到的劳动教育现实问题，再进行劳动主题活动的开发。新老教师相互学习，不同教师思想碰撞，共同设计、开发、实施劳动主题课程，人尽其才，各取所长，人人都成为劳动课程的设计者、实施者。大家聚在一起，共同搜寻劳动资源，智慧众筹不受时空限制的特色劳动主题课程。

2. 时空混搭

教育的角色在校园内，也在社会中。每一个人都可以被赋予教育的内涵，带给学生真实的思考、多维的劳动。针对新建校缺少劳动教育基地的现状，学校延展教育角色，整合优质、丰富的教育资源，将专业研究导师、实际操作人员等专业人士引进学校，通过“线上+线下”融合、“云端+实体”共建，将劳动教育课程实施空间拓展到家庭、社区，实现教室内外、学校内外的场域混搭，将学校、社区、家庭三空间紧密融合（见图 3），弥补新建校硬件缺陷，彰显教育的整体功能。

2020 年 6 月，两江新区大力推进垃圾分类楼层撤桶并点工作，学校以此为契机联合家庭和社区开展垃圾分类主题活动，发挥育人合力，形成教育闭环。学校和社区联合开展的“垃圾分类大讲堂”，小手拉大手，带动家庭垃圾分类行为；联合社区表彰优秀家庭，开展亲子知识课堂，发挥学校教育的辐射力。还充分利用隐性的师资力量，借助线上平台，邀请高校教授、社区工作者带给学生别开生面的劳动拓展课，让教育的影响越出校园，辐射更宽广的地区。

3. 学习方式混搭

传统的学习方式中，学生 80%以上的时间在学校，20%的时间在家里。劳动教育实践中，很多处于家校“各自为政”的状态，这极易造成劳动教育与现实脱节的尴尬局面。于是，我们利用新建校班额少易变革的优势，改进劳动教育组

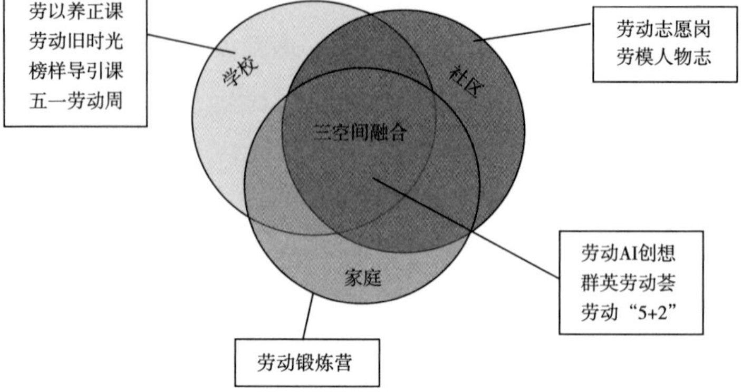

图3　行远小学劳动课程三空间融合实施韦恩图

织方式，以任务驱动导引学生运用设备技术去发现去探索更丰富的劳动世界，采用校内学习与校外实践混搭，线上线下学习形式混搭，传统教学与小组合作、自主探究、项目式学习混搭……让具身体验、动手操作的多种学习方式成为劳动课程的实施常态。例如，在“榜样导引课”中，孩子们总有做不完的事，挑战不完的任务。新生见面会，他们作为志愿者导引学弟学妹熟悉学校；期末辅差，他们化身小老师帮助同学解答难题；课程共享场，他们是编程者，小组合作为学校创编节目；非正式学习区，他们是管理者，自主探索如何维持整洁、舒适的阅读空间……

在混搭学习模式下，学生表面上比以往学习享受到了更多的自由，但是为了完成学习任务，必须比以往更加自觉、自主、自制。这种学习，是一种强化自觉、自主、自在的个性化学习，是优势互补资源共享的整合式学习，学生真正成为学习的主人、劳动的践行者。

4. 课型混搭

在学校智慧教育发展引领下，我们链接未来，摒弃大一统设置，依循课程标准，运用新技术，在OMO教学（线上线下深度融合）基础上，研发出“劳动教育必修课+学科渗透劳动教育”“线上劳动知识科普+线下劳动指导”“校内劳动技能学习+家务劳动实践”“校园劳动活动+社区志愿服务”“单班劳动学习+开合班组劳动实践”等多种混搭课型，教师根据学情、课程内容、课时目标等自主选择适合的课型，创新运用VR体验、3D模拟、双线融合等方式丰富学生劳动体验，形成创新劳动意识，增强其在新时代背景下的劳动智慧和劳动能力。比如，在劳模人物志课程开展时，教师选择双师双线融合课，从 VR 体验旧时劳动场景、线上连线本地工匠到 3D 模拟游览两江产业集团，通过新技术把劳动的过去和未来呈现在学生面前，让学生体验科技发展和产业变革。

此外，学校还建立了行远微菜园，师生根据学校实践园产生的实际问题，利用编程软件开展微菜园模型搭建、自动化灌溉系统的设计、植物补光灯自动化程序编写等劳动 AI 创想课程，引导学生借助信息平台和数字化管理，以新型智慧劳动提高工作效率，创造更大的社会价值。

从零开始的城市新建小学，意味着更容易从顶层设计入手，系统构建劳动教育体系，并常态化推进劳动课程的实施。行远小学结合区情、校情，充分利用优势，并将劣势转化为优势。重内涵融通，将劳动教育根植于学校文化之中，落实到每一个育人环节中去，遵循儿童年龄特征和身心发展规律，有目的、有计划地对其施加教育影响，充分发挥学校主导、家庭基础、社会支持的作用，推动劳动教育常态化实施；重延展混搭，运用新技术突破时空，弥补师资、场地不足，线上线下深度融合，创新劳动教育时空、内容、形式，增强劳动教育的时代性，让学生在劳动实践以及未来生活中“脚下有劲、手中有活、眼中有光、心里有爱、灵魂有趣”。

（编辑：曲霞）

Hard-working and Long-term Innovation

—The Systematic Design and Normalization of Labor Education in a Newly-built Primary School

Zou Xianlian, Tang Mengjing, Zhang Wanyun

Abstract: Xingyuan is a newly built primary school in Liang Jiang New Area of Chongqing. Following the concept of “hard-working and long-term innovation”, and based on the resource advantages and disadvantages of new urban primary schools,

Xingyuan systematically designs its labor classes from the top level. Guided by the school culture, Xingyuan identifies the "Three-Level Progressive Goal" for labor classes. Following the growth rules of children, Xingyuan establishes a labor class system of "Four Categories and Ten courses". Xingyuan deploys new technologies and explores an implementation strategy of "Four Integrations and Four Combinations". Eventually, Xingyuan presents an effective mechanism model for the regular promotion of labor education in newly-built primary schools.

Keywords: Labor Education; Curriculum System; New Primary School

• 会议速递 •

《劳动教育论》新书发布暨“新时代的劳动教育”研讨会

为采取有效措施切实加强劳动教育，全面构建体现时代特征的劳动教育体系，2020 年 11 月 20 日，由教育科学出版社主办、中国劳动关系学院承办的《劳动教育论》新书发布暨“新时代的劳动教育”研讨会在中国劳动关系学院举行。北京师范大学资深教授顾明远，教育部教材局局长田慧生，北京外国语大学党委书记王定华，中国教育报刊社党委书记、社长翟博，人民教育出版社总编辑郭戈，教育科学出版社社长李东、总编辑郑豪杰，中国劳动关系学院党委书记刘向兵、副校长刘丽红，教育部职业技术教育中心研究所副所长曾天山，以及北京部分职业院校和中小学校长等出席了研讨会。

以下为部分专家学者发言的摘录。

顾明远（北京师范大学资深教授）

我觉得这本书非常厚重，可以说是新中国成立以来第一本关于劳动教育的全面、系统的理论书。

2018 年习近平总书记在全国教育大会上重新阐述了党的教育方针，把德、智、体、美、劳全面发展作为我们的教育方针，其意义重大。教育与生产劳动相结合一直是我们的教育方针，毛泽东主席讲到了，我们的教育要为无产阶级政治服务，教育要与生产劳动相结合。改革开放以后，小平同志在第一次教育大会上又讲到教育与生产劳动相结合，所以劳动教育一直是我们的教育方针。

但是近些年来，在教育实践中，大家都忽视了劳动教育。受应试教育的干扰，孩子们埋头于作业当中，忽视了劳动，连家务、自己的生活自理都做不到，这很不利于我们人才的培养，背离了原来的教育方针。2018 年 9 月 10 日在全国教育大会上习近平总书记提出，劳动最光荣，劳动最崇高，劳动最伟大，劳动最美丽。让学生要有劳动意识，了解劳动的价值，尊重劳动、尊重劳动人民，还要培养学生的劳动习惯、劳动技能。习近平总书记重新提出了劳动的重要性。

劳动教育作为教育方针提出以后，据了解，各地在贯彻当中也出现了一些问题。在新时代我们怎么开展劳动教育？有很多校长都比较迷茫，不知道怎么做。中共中央、国务院发布了《关于全面加强新时代大中小学劳动教育的意见》，写得非常具体。当然，教育部有一些指导意见。我觉得一方面从理论来讲，要提高认识，提高各级领导、各级学校领导的认识；另一方面，从实际操作来看，也要给他们一些方法，所以出这本书，我觉得非常有必要。

马克思早就讲劳动本身就是一个创造，有创造力在里面，所以今天我们新时代的劳动教育最大的特点，我觉得就是要创造。最近十九届五中全会习近平总书记讲到，我们要创新驱动，创新驱动是我们当前一个很重要的发展战略。我们今后要实现中华民族的伟大复兴，要实现第二个一百年奋斗目标，主要靠创新。特别是这次疫情以后，在国际形势大背景下，我们可以看到，只有我们自己创造，自己强大了，我们才能够参与全球治理，才能够立于世界之林。我觉得我们这个劳动教育需要站在更高的视野，站在劳动创造价值、劳动创造时代、构建人类命运共同体这样的大格局下，在习近平总书记讲的百年未遇之大变局的形势之下来看创造性劳动的价值，来看它对我们国家将来发展的重要性。总之，我觉得劳动教育非常重要，在大中小学开展劳动教育非常重要。

这本书，我觉得非常全面，既有理论，又有实践，特点有如下几个。

一是理论性。论述了古代、近代、现代劳动教育的发展过程以及理论思想，包括我们前辈的各种理论、各种思想。二是时代性。重点讲述了新时代劳动教育的一些内涵、形式、方法，非常有时代性。三是操作性。讲得非常具体，还包含案例，我想对大中小学开展劳动教育会有一个指导意义。

我觉得这本书非常有理论的价值和实际的意义。我回去以后也要好好学习，这里头有很多好的东西，有些过去没有注意到、没有看到的关于劳动教育的思想。我觉得这本书可以说填补了整个教育科学体系里很重要的一个空白，过去没有这样的书。我们现在都讲到劳动教育，讲到教育与生产劳动相结合，这种论文还是很多的，但是系统论述的图书，这还是第一部。

当然，我看这本书半年时间就出来了，在体系方面、内容方面还可以进一步完善，将来出第二版的时候还可以再仔细研究一下，在体系方面再调整一下；在结构上，一些前后重复的、交叉的内容，也可以再调整一下。在第二版把它更完善、更理论化一些，也更实际一些，这本书有理论的东西，有实际的东西，但理论上可以更系统一些，实际操作方面还可以再加强。关于编制劳动教育课程、劳动教育如何评价，这里还没有讲到。

最近中央发布几个文件，加强劳动教育，加强美育、体育，这个指导思想非常明确，要求得也非常具体，但一到落实就会出现问题。我担心这些又被纳入应试教育的轨道，把体育都拿分数来计，如果要以分数计的话，我这个人可能考不上大学，我这个人快 92 岁了，算是一个健康的人，年轻的时候我也非常喜欢体育，各种运动都有。但是我比较瘦小，你要考我投篮，只能及格的分数，到不了 100 分。包括美术，都被纳入应试教育的轨道，那我觉得这就扭曲了教育方针的要求。

劳动教育也是这样子，劳动必须和教育结合起来，学校绝对不能把劳动作为折磨人的手段，所以劳动一定要跟教育结合起来，它有育人的价值，我们还存在一些问题，在具体操作层面还有待很好的研究。

我这里抛砖引玉，讲讲自己的想法，就讲这些，谢谢大家！

田慧生（教育部教材局局长、基础教育课程教材发展中心主任、课程教材研究所所长）

我先抛砖引玉，谈一点感想。在《中共中央　国务院关于全面加强新时代大中小学劳动教育的意见》发布仅半年多时间，就已经有贯彻该最新精神的全面系统的学术著作问世，这本书出版得非常及时。

我总体感觉这本书质量还是很高的，所以能够在这样一个特定的时机及时出版。不过，这本书也不是作者在很短的时间就能形成的一本应景之作，该书还是基于他们的长期研究。天山同志和建军教授，包括中国劳动关系学院相关的专家，都是中共中央、国务院颁发的《意见》和教育部颁发的《大中小学劳动教育指导纲要（试行）》这两大文件的主要起草人员，长期参与这项工作，所以可以深刻把握这些文件的基本精神。这本书在文件发布之前就开始酝酿，写作耗费一年多的时间。但这本书折射出作者对劳动教育的长期研究，所以厚积薄发，能够赶在这样一个特定的时期推出，时机把握得很及时，同时也反映了他们背后长期的努力。这本书给我的总体印象是一本高水平的劳动教育专著。

我在浏览这本书时，有这么几个突出的印象。

一是这本书从内容设计来看，系统全面。全书14章，几乎涵盖了劳动教育各个方面的重大问题，应该说自成一家，自成体系，从劳动教育的历史发展、基本内涵、目标、内容、途径、资源的配置，各方面的协同，分门别类，都做了系统全面的阐述。同时，内容还基本涵盖了当前在推动劳动教育过程中面临的重要实践问题，因此，理论问题跟实践的需求，应该说也是密切地结合了。

二是对一系列重大问题的学理阐述是有深度的，是下了工夫的。这里面有比较深入的历史研究，对劳动教育的历史发展做了非常系统的梳理。特别是对马克思主义劳动观、马克思关于人的全面发展学说和劳动教育的关系、劳动在人的培养过程中所起到的关键性作用，都站在马克思主义立场上做了比较系统深入的阐述。它也对我国和苏联关于社会主义劳动教育的理论做了比较系统的梳理，把一些需要理论支撑的关键概念、原理在这本书里做了比较系统深入的阐述，这是这本书的特点，也是亮点。光读文件，有一些东西是读不清楚的，通过学术著作，在学理上进一步深入展开，就可以更好地把握。尤其在当前，为什么中央如此高度重视劳动教育，把劳动教育正式纳入我们的教育方针，作为五育并举、全面培养体系的重要组成部分，加强建设。这本书从多个维度上展开研究，让大家更好地理解中央重大战略决策的重大意义。

还有这本书在推进劳动教育的相关政策、举措的分析和把握上，我觉得是比较准确的。因为这本书的两位主编都是国务院起草组成员，长期参与这项工作，所以对当前劳动教育国家层面的方针政策理解得比较到位，相关重点也都及时地在书中反映出了。如果文件颁布之后，再组织专家学者写这个书，没有基础，是写不到这个层面的。关于劳动教育的方向、重点、类型，当前需要着重关注的问题，我觉得还都写得比较到位，从政策点上把握是准确的。

总体上，我非常高兴看到有这样一本比较厚重、成体系，同时理论与实践结合密切的劳动教育学术著作面世，这对于推进当前大中小学劳动教育实践一定会起到指导作用，所以具有重要的现实指导意义。

下一步，在全面推进劳动教育、实施劳动教育过程中，进一步加强理论研究依然是长期任务。曾天山教授在书里提到“重回”这么一个概念，让劳动教育重新回到主流。过去虽然有一些学校长期坚持劳动教育，但从国家教育方针层面、教育内容体系的安排上，它没有达到今天的地位。所以按照全新要求来推进新时代劳动教育，面临一系列新的挑战、新的问题、新的困难，要通过进一步研究来探索怎样引导、指导我们的政策和实践。特别是将来应该更加着眼于研究一些重大实践中面临的现实问题，有针对性地进行实地调研和案例分析，为解决劳动教育实施面临的问题提供理论指导，我觉得这方面还可以加强。但这并不是这本书能单独完成的任务，后续需要更多的工作。

另外，政策的转化还需要有个过程，要转化成学校的实践、转化成基层的实践，这里面还有很多策略性的问题。通过我们的专题研究应该可以更好地帮助、指导地方去落实政策。这些实践策略问题也都可以从研究的角度切入，更好地帮助我们组织研究。

我们还面临一些将来出现的新问题。现在进入智能时代，我们的劳动形态发生了改变，我们的劳动教育从理论实践上怎么去理解，怎么去解释，怎么去落实这些新劳动形态？都需要我们的专家学者做深入研究。所以我觉得理论研究的空间还很大，还可以大有作为。我们的这支专家团队完成这一本洋洋洒洒 40 多万字、14 章的劳动教育专著，确实是一个非常了不起的成果。但我觉得还可以跟踪当前的重大现实问题，从这里面再找到新的灵感，再出发，为中国劳动教育提供更多新的理论成果。

曾天山（教育部职业技术教育中心研究所副所长）

我讲三点，第一点讲写这本书的起因，第二点介绍一下这本书的特点，第三点讲一下期望。

第一点，写这本书的起因。大家都知道在 2018 年全国教育大会上习近平总书记做了重要讲话，其中一个重要的内容，就是把劳动教育由途径变成了五育的内容。这不是一个简单的变化，它强调了劳动教育的重要价值，包括劳动教育的独特育人价值和综合育人价值。习近平总书记讲话特别强调，要解决“三不”的问题，指一些青少年存在的不爱劳动、不会劳动、不珍惜劳动成果的问题。提出了在立德树人方面必须加强劳动教育的意见。这项工作当时由富芝同志（现任教育部党组成员、副部长，教育部总督学）牵头，委托田慧生局长来做，现在田慧生局长把这个任务交给我们，由我带一个团队配合富芝部长，参与这项工作。

我们集中各方面的力量，经过长时间的磨合，大家围绕劳动教育的相关问题开展了一系列研讨。比如，劳动教育的内涵、本质、概念；劳动教育到底有独特的育人价值，还是综合的育人价值；劳动教育是存在着有劳动无教育的问题，还是存在着有教育无劳动的问题；新时代的劳动教育和传统的劳动教育究竟有什么区别；大中小学一体化劳动教育的素养划分；等等一系列问题。每次研讨时，争论都很激烈。

2019年，中共中央、国务院颁发了《关于全面加强新时代大中小学劳动教育的意见》，本书也是想进一步将在研制该文件过程中的一些理论思考跟大家一起梳理、研究一下。因为当时那个文件毕竟比较短，不能将理论的争议，好的做法、经验，还有如何把传统和新时代的劳动结合起来等问题全面纳入，所以我们当时就萌发了一个想法，即组织团队进入深入研究，得到了各界领导的支持。其间，关于此内容的课题还入选国家社科基金重大课题项目。中国劳动关系学院一直在做劳动教育，成为劳动教育的“大本营”，我们和他们也一拍即合，大家一块儿来研究。同时我们也得到了教育科学出版社的支持、教科院领导的支持。教育科学出版社精益求精，反复多次修改稿子，一段引言，一个字词都反复修订，打造出一个精品来。

第二点，这本书的特点。首先是针对性强。这本书是一个落实《关于全面加强新时代大中小学劳动教育的意见》的理论研究，主要针对当前存在的“三少三多”的问题。目前，我们国内劳动教育的经验很多，因为我们学习了苏联的一些做法，还有中华民族勤劳勇敢的文化传承，劳动教育积累了非常丰富的经验。但是理论的建设比较少，多是从教导的角度说的。国内在编教材也比较多，自从《意见》《指导纲要》出来以后，大家都在编教材，但对问题的研究比较少，劳动教育到底存在什么现实问题，还需要怎么使大中小学衔接，怎么五育结合，怎么能成为立德树人高质量教育的一部分，这些问题研究比较少。分门别类、各级各类研究比较多，研究高校的、研究中小学的、研究职业学校的都比较多，但大中小学一体化研究的比较少，这是“三多三少”。

这本书就是要破解“三多三少”的问题。在这方面做了一个系统的研究，首先定位是从劳动教育承载中国梦的战略高度入手，通过梳理劳动形态的迭代发展，劳动教育价值和我国劳动教育的历史变迁，以及通过中外劳动教育的比较，明确了劳动教育的五大目标，进而对劳动教育的内容、形式、方法、途径进行了论述。同时基于系统思维和问题导向，统筹考量劳动教育融入育人体系，大中小学贯通，培育学生的劳动素养，各类学校融通劳动教育和多方协同劳动教育，牢牢把握劳动教育评价这个指挥棒。核心是劳动素养的确立和培养，力图破解新时代劳动教育的难点、堵点。编写组也广泛比较了世界上主要国家和地区在劳动教育上面的先进理念、保障制度、有效模式、评价方法，总结体验了可供我国借鉴的有益做法。这本书的针对性还是比较强的，这是第一个特点。

其次是它的时代性强。《劳动教育论》重点关注智能时代，关注我们新时代的劳动形态以及劳动教育迭代发展的状况。现在已不单纯是一种过去的手工劳动，劳动教育既要有出大力、流大汗，同时也要有创造，要适应新时代的发展。新时代劳动教育不单纯是过去的校办农场、工厂，还有社会志愿服务等，出现了多种形态、因地制宜的方法。我还看到教材局做的一个调研，70%的学生没有进过工厂。我们现在建设工业化强国、智能化强国，学生没有到过工厂，这确实是一个缺憾。所以信息化社会如何学工学农，在简单劳动的基础上、志愿劳动服务的基础上，能够从事创造性的劳动工作，这是非常重要的。

最后是可操作性比较强，在研究过程中特别重视劳动教育如何落地。比方说，大中小学如何形成一个体系，如小学要培养一个自食其力、自我服务的劳动习惯，做好家务劳动等，中学要学习一些劳动的通用技能，大学要培养劳动精神、劳动创造力。职业学校方面，劳动教育的机会确实挺多，但是劳动多，教育少，学生不太了解劳动的价值。劳动教育独特的实践价值，就是提高人的生存能力和职业启蒙，同时对其他教育也有重要的促进作用。所以职业院校劳动教育的开展是强调工匠精神、劳动精神、创造精神。各级各类，大中小学都有自己的定位，这样才能形成有机的整体。这次我们想劳动教育能够贯穿大中小学，贯穿家庭、学校、社会各个方面，所以就以劳动素养为核心，来贯穿各个领域。本书就劳动教育为什么、是什么、教什么、怎么教、谁来学、谁来评这些具体问题给出了可操作性的意见，所以将为广大教育政策的研究者、制定者，各级学校的领导加强劳动教育提供一些借鉴。

最后提点希望。本书建立在顾明远老师等前辈的基础上，同时也借鉴了一些新的研究成果，所以这本书是各方支持的结果，也是理论政策咨询和理论研究相结合的产物，是我们团队集体智慧的结晶。在此，我也感谢教材局、教科院、教育科学出版社，还有中国劳动关系学院的支持，也感谢一些志同道合者给予的支持，感谢我的团队。我们知道本书的出版时间比较短，我们的团队应该说是既有优势也有不足，所以今天我们把新书发布会跟研讨会结合起来，邀请了大中学校的校长们，就是希望大家就不足之处能给我们批评指正，共同为劳动教育做出更大的贡献，谢谢大家！

王定华（北京外国语大学党委书记）

我们相聚在中国劳动关系学院来研讨曾天山和顾建军等同志编著的《劳动教育论》一书，很有意义。在此，我想讲八句话。

第一句话，选题敏锐及时。

劳动教育非常重要，而这本书就是论述劳动教育的。劳动教育是贯彻马克思主义教育学说之应有之意，劳动教育是贯彻习近平总书记关于劳动重要论述之关键举措，劳动教育是贯彻党的教育方针之有机组成部分，劳动教育也是新时代新形势之现实呼唤。

党的十八大以来，我国在劳动教育方面做出了积极努力，取得了可喜成绩。比如2015年教育部、共青团中央、全国少工委就已经印发了《关于加强中小学劳动教育的意见》，由我担任这个意见起草组的组长。这个意见的提出要充分发挥劳动综合育人功能，以劳树德、以劳增智、以劳强体、以劳育美、以劳创新，促进学生德、智、体、美、劳全面发展。

2016年，习近平总书记到北京市海淀区民族小学参加六一前夕的主题队日活动，当时也讲到，少年儿童对践行社会主义核心价值观一定要动起来，要记住要求，从小做起，接受帮助，心有榜样。他特别讲道，做就是劳动，榜样也应该是劳动模范，他说很多的孩子都知道港台歌星周杰伦，但实际上有一个劳动模范对他本人影响很大，影响一生，那就是掏粪工人时传祥，说这样的劳动模范应该是大家心目中的英雄，当时明确提出来了这一点。我在场听了之后，深受启发。

2016年，教育部制定的新的《中小学生守则》也明确提出勤劳奉献、主动分担家务、参与劳动实践、热心志愿服务，也讲到劳动实践。各地在全国总体上对劳动教育有所忽视的情况下，还是有很多劳动教育的亮点和探索。在教育部党组领导下，我本人的联系点是湖北省孝感市孝南区三岔镇初中，这个联系点就是以劳动教育见长的。当然各地也做了很多其他很好的探索，特别是2018年五一前夕，习近平总书记给中国劳动关系学院劳模班回信，明确阐述了“劳动最光荣、劳动最崇高、劳动最伟大、劳动最美丽”，提出全社会都应该尊敬劳动模范，弘扬劳模精神，让诚实劳动、勤勉工作蔚然成风。所以这本书讲劳动教育，我觉得就是抓住了一个关键。

第二句话，权威。

2020 年 3 月，中共中央、国务院印发了《关于全面加强新时代大中小学劳动教育的意见》，这是党中央、国务院印发的文件，和加强体育的其他文件还不一样。在中华人民共和国这样的文件是最高的文件，没有再高的了。这本书与这个文件对标，可以说是中共中央关于劳动教育文件的理论解读。因此它具有权威性，是我们教育理论界不可多得的一部著作。

第三句话，一流专家主编。曾天山同志、顾建军同志都是在学界有名的专家，参与的团队大多也都是中青年的新星。一流专家主编该书，读之也感到很亲切，文风也很朴实，内容也很丰富。

第四句话，专业教育机构出版。教育科学出版社在我心目中是教育科学类最好的出版社。

第五句话，对口院校发布。今天这个研讨会也是发布会，有意地选择了中国劳动关系学院，这个劳动关系学院是全总唯一的一个直属高等学校，也是劳动领域最高学府。刘向兵书记长期以来对劳动教育非常重视，非常关注，自己也亲力亲为进行研究，每年都发表若干篇关于劳动教育的重要文章。

第六句话，论述准确明白。14 章内容我看了看，考虑到精力和时间，分别由不同见长的学者来执笔，但是也有主编的通盘把关，从头到尾浑然一体，还有一点一气呵成的感觉。该书也是理论著作，它的可读性是强的，大学可以读懂，中小学、职业学校也可以读懂，它具有广泛的适用性。

正因为如此，我要说的第七句话，即值得广泛推介。这个发布会建议你们广泛地进行宣传，公众号进行推送，媒体进行广泛的报道，我觉得这是值得向战线、学术界、实践界、行政界广泛推介的一本书。北京外国语大学要一马当先，处级以上干部人手一本，相关的学院人手一本，相关的博士生、硕士生人手一本。

最后一句话，值得继续深化。我建议编者团队继续深化研究，特别是大中小职特幼劳动教育，要搞清它们有什么样的需求，又如何解决，也就是中央最近用的一个新词，叫“工具箱”。中央的用词很前卫，问你有没有“工具箱”。以大学为例，党的教育方针如何贯彻，如何落地，我一直苦苦在思考。

在德育方面，我们有了答案，就是要把24个字的社会主义核心价值观，人人入脑入心，成为自觉行动。

智育方面，结合我们学校的特点，英语开道，数语跟进、大语做强、中语做优、兼容并蓄、博学笃行、服务国家、贡献社会、成就人生、注重党建、追求卓越，实现一流，把101种外语以及其他各种学科做好。

在体育方面我们也有办法，每天锻炼一小时，健康工作50年，幸福生活一辈子。我们学校人人都要学会游泳。

在美育方面，我们要让学生具有感受美、鉴赏美、表现美、创造美的意识和能力，人人学会一种演奏乐器。

在劳动教育方面，现在我们要把国家的这些精神、中央的这些主张进行贯彻，那如何贯彻？笼统地说，就是出点儿力，流点儿汗，经风雨见世面，具有劳动意识，尊重劳动人民，珍惜劳动成果。但是如何让劳动教育在巴掌大的校园里实现，现在实际上还缺乏对策。

（本文内容为会议录音整理稿）

（编辑：王馥芸、苏清）

《劳动教育评论》约稿函

《劳动教育评论》是由中国劳动关系学院劳动教育中心主办，社会科学文献出版社出版的教育类学术集刊，每年出版四辑。刊物以劳动教育政策解读、劳动教育理论前沿、劳动教育哲学研究、劳动教育案例分析、国际劳动教育比较、劳动教育思想研究以及劳动教育相关学科建设为主要研究领域，常设专家访谈、理论前沿、评价研究、历史回眸、互鉴交流、调查研究、国外动态等栏目，欢迎广大专家、学者不吝赐稿。

一、征稿范围（包括但不限于）

1. 习近平新时代劳动和劳动教育观研究；
2. 新时代劳动教育的哲学基础研究；
3. 劳育与德育、智育、体育、美育的内在逻辑研究；
4. 新时代劳动教育的内容、实施与评价研究；
5. 劳动教育的典型案例与实证调查；
6. 劳动教育的国际经验与比较研究；
7. 劳动教育的师资培养、机制建设；
8. 劳动科学与劳动教育的融合研究；
9. 劳模精神、劳动精神、工匠精神与新时代劳动价值观的塑造；
10. 创造性劳动视阈下的大学生创新创业教育等。

二、来稿要求

1. 文章类型：本刊倡导学术创新，凡与劳动教育相关的理论研究、学术探讨、对话访谈、国外思想动态、案例分析、调查报告等不同形式的优秀论文均可投稿。欢迎劳动哲学、劳动关系、劳动社会学、劳动法学、劳动经济学、劳动文化学等劳动科学领域学者从本学科领域对新时代劳动教育的内容体系构建和配套制度建设提出新的创见。

2. 基本要求：投稿文章一般1万~1.5万字为宜，须未公开发表，内容严禁剽窃，学术不端检测重复率低于15%，文责自负。

3. 格式规范：符合论文规范，包含：标题、作者（姓名、单位、省市、邮编）、摘要（100~300字）、关键词（3~5个）、正文（标题不超过3级，各级标题用阿拉伯数字连续编号）、参考文献（参考文献采用页下注释体例，参考文献和注释均为页下注，每页编序码，序号用①②③标示）、作者简介等。

4. 投稿邮箱：ldjypl@ culr. edu. cn　联系电话：（010）88561837

三、其他说明

1. 来稿请注明作者姓名、工作单位、职务或职称、学历、主要研究领域、通信地址、邮政编码、联系电话、电子邮箱地址，以便联络。

2. 来稿请勿一稿多投，自投稿之日起一个月内未收到备用或录用通知者，可自行处理。编辑部有权对来稿进行修改，不同意者请在投稿时注明。

3. 本刊已被中国知网收录，凡在本刊发表的文章均视为作者同意自动收入CNKI系列数据库及资源服务平台，本刊所付稿酬已包括进入该数据库的报酬。

《劳动教育评论》编辑部

图书在版编目(CIP)数据

劳动教育评论. 第4辑 / 中国劳动关系学院主编. --
北京：社会科学文献出版社，2021.2
ISBN 978-7-5201-8018-4

Ⅰ. ①劳… Ⅱ. ①中… Ⅲ. ①劳动经济-中国-文集
Ⅳ. ①F249.2-53

中国版本图书馆CIP数据核字（2021）第038615号

劳动教育评论（第4辑）

主　　编 / 中国劳动关系学院

出 版 人 / 王利民
组稿编辑 / 任文武
责任编辑 / 王玉霞　李　淼

出　　版 / 社会科学文献出版社·城市和绿色发展分社（010）59367143
地址：北京市北三环中路甲29号院华龙大厦　邮编：100029
网址：www.ssap.com.cn
发　　行 / 市场营销中心（010）59367081　59367083
印　　装 / 三河市东方印刷有限公司

规　　格 / 开　本：787mm×1092mm　1/16
印　张：11　字　数：188千字
版　　次 / 2021年2月第1版　2021年2月第1次印刷
书　　号 / ISBN 978-7-5201-8018-4
定　　价 / 58.00元

本书如有印装质量问题，请与读者服务中心（010-59367028）联系

版权所有 翻印必究